HANS KARL ADAM

# Weihnachtliche Bäckerei

110 beliebte Rezepte

BLV

Die Deutsche Bibliothek – CIP-Einheitsaufnahme

**Adam, Hans Karl:**
Weihnachtliche Bäckerei : 110 beliebte Rezepte / Hans Karl Adam.
[Zeichn.: Waltraud Berger. Fotos: Pete Eising]. –
6. Aufl. – München ; Wien ; Zürich : BLV, 1994
ISBN 3-405-14591-0

6. Auflage

BLV Verlagsgesellschaft mbH,
München Wien Zürich
80797 München



Zeichnungen: Waltraud Berger
Fotos: Pete Eising
Lektorat: Inken Kloppenburg Verlags-Service, München
Herstellung und Layout: Sylvia Hoffmann
Umschlaggestaltung: Studio Schübel, München
Umschlagfoto: Bildagentur Eising

Gesamtherstellung: F. Pustet, Regensburg

Printed in Germany · ISBN 3-405-14591-0

# Inhalt

# Bald nun ist Weihnachtszeit …

fröhliche Zeit! Jetzt ist
der Weihnachtsmann
gar nimmer weit …

Horch nur, der Alte klopft
draußen ans Tor
mit seinem Schimmel,
so steht er davor …

Leg ich dem
Schimmelchen
Heu vor das Haus,
packt gleich der
Ruprecht den großen Sack aus …

Pfeffernüss, Äpfelchen,
Mandeln, Korinth,
alles das schenkt er dem
artigen Kind …

# Bald nun ist Weihnachtszeit . . .

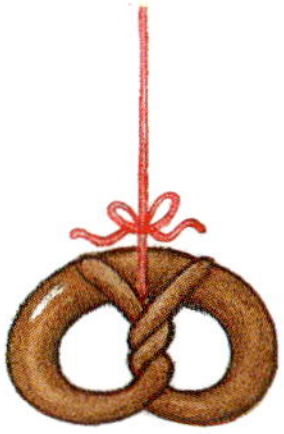

Wenn ich ein Märchendichter wäre, dann dichtete ich so: Es war einmal ein Gärtner, der jedes Jahr nach den Wünschen seiner Fürstin, der er untertan war, den Schloßgarten bestellte. Jeden Morgen um die gleiche Stunde wählte sie mit ihm aus der Fülle heimischer und fremder Blumen diejenigen mit den verführerischsten Düften aus, alle duftlosen Blüten aber mußte er den fremden Herrschern, welche die Fürstin durch diese Blumengeschenke zu gewinnen suchten, wieder zurücksenden. Sie wollte sich nämlich dem vermählen, der ihr die Blume mit dem eigenartigsten und herrlichsten Duft der Welt senden würde. Doch niemand fand diese Wunderblume. Jeder Gast aber, der den seltsamen Schloßgarten betrat, war bald berauscht von der Schönheit dieser Blumenwelt.
Die Nase des Gärtners wurde im Lauf der Jahre so fein und empfindlich, daß er nirgends als in diesem Garten zu leben vermochte. Die Fürstin ließ ihm ein kleines Haus an der Ostseite des Gartens bauen, damit er bei Sonnenaufgang vom Blumenduft geweckt werde und schon in den ersten Morgenstunden bei seinen Geschöpfen sein konnte.
Jedes Jahr aber wurde der Gärtner im Herbst von Tag zu Tag trauriger. Nicht, weil seine Blumen nun verblühten und ein Blatt nach dem anderen zur Erde fiel, sondern weil die Düfte immer schwächer wurden, weil er immer im November spürte, daß kein Hauch mehr in der Luft lag, an dem sich seine Nase hätte erfreuen können. So ging er denn traurig jedes Jahr um diese Zeit in sein Haus und verbrachte den Winter freudlos.
Die Fürstin sah sich das eine gute Weile mit an, dann hatte sie einen klugen Gedanken: Sie erschien eines Morgens Anfang Dezember im Hause des traurigen Gärtners und führte den Widerstrebenden mit sanfter Gewalt in die Schloßküche.
Was nun geschah, war so überraschend, daß alle Köche und Küchenjungen, die gerade mit der Weihnachtsbäckerei beschäftigt waren, die Lebkuchen im Ofen verbrennen ließen: Der Schloßgärtner sank nämlich auf einen Stuhl, verdrehte die Augen, steckte die Nase weit in die Luft und sog so ausdauernd und sehr vernehmlich den Duft ein, daß man glauben konnte, er sei nicht mehr ganz bei Verstand. Erst der fremde Geruch der angebrannten Kuchen brachte die ganze Gesellschaft wieder zur Besinnung, und von Stund' an gebrauchte nun der gewandte Gärtner während der Wochen vor Weihnachten Model und Glasurpinsel genauso geschickt wie die Weihnachtsbäcker selbst, und der Duft der Honigkuchen und Zimtsterne wurde ihm mit der Zeit ebenso lieb wie der seiner Rosenbeete...
Nach sieben Jahren erfand er ein so köstliches Zuckerwerk aus Mandelkernen und dem Öl seiner geliebten Rosen – er nannte es »Marzipan« –, daß ihn die Fürstin, die umsonst auf den lieblichsten Blumenduft der Welt gewartet hatte, heiratete! Sie lebten glücklich und zufrieden – und wenn sie nicht gestorben sind, dann leben sie noch heute.

# Bald nun ist Weihnachtszeit . . .

Aus diesem Märchen nehme ich nun einige Personen heraus und gebe ihnen andere Kleider. Der Fürstin binde ich eine große Schürze um: Nun ist sie die Mutter der Familie. Kurz nach dem ersten Advent sitzt sie eines Nachmittags vor ihrem Schreibtisch und sucht in unzähligen Zetteln und vergilbten Blättchen nach *dem* Rezept. Eigentlich wollte sie sich ja nicht lange damit aufhalten, sie dachte, sie hätte es gewiß gleich – aber nun fängt sie doch an zu lesen. »Wie unlesbar das meiste ist! Dies mit Tintenstift ist natürlich verwischt, das Rezept dort besteht nur noch zur Hälfte, schade, daß ich den Anfang nicht kenne, aber der ist abgerissen!« Sie liest den ganzen Nachmittag. Und abends versammelt sie die Kinder um sich, und jedes darf ein paar Rezeptzettel in ein leeres Schulheft kleben. Gottlob, endlich hat man die Rezepte einmal beisammen, einige haben die Töchter sogar neu geschrieben. Die Söhne fanden das abendliche Klebegesellschaftsspiel recht unterhaltend und ereiferten sich bereits, wer von ihnen wohl dieses Jahr den zähflüssigen Teig am längsten rühren könne. Der Vater aber (es ist der Gärtner aus dem Märchen) verbirgt sich hinter seiner Abendzeitung, scheinbar unbeteiligt – doch er hört jedes Wort.

Am nächsten Morgen begibt sich die Mutter schon früh in die Küche und versammelt auf einem Tablettchen alle Gewürze, die sie sich zur Weihnachtsbäckerei gekauft hat:

*Zimt, Muskat, Kardamom, Nelken, Vanille, Anis, Fenchel, abgeriebene Zitronen- und Orangenschale.*

Alles, was sie nun in die Hand nimmt und zusammenstellt, nennt sie laut beim vokalreichen Namen, weil es ihr Freude macht:

*Korinthen, Rosinen, Sultaninen,*
*Zitronen, Zitronat, Orangeat,*
*süße, bittere, geschälte, gehobelte Mandeln,*
*Kokosraspeln,*
*Hasel-, Wal- und Paranüsse,*
*bunter Streuzucker, feine Oblaten.*

Ob sie das alles brauchen wird, weiß sie noch gar nicht, aber es ist so ein schönes Gefühl, diese freundlichen Dinge im Hause zu haben. Sie hat auch nicht zuwenig eingekauft, sie kennt ja ihre Pappenheimer! Sie sind alle besonders anstellig und prachtvolle Küchenjungen, wenn man beim Backen nicht so sehr auf ihre Münder achtet, in denen sie gerne allerlei Teigreste, Zitronatstückchen, Rosinen und Mandeln verschwinden lassen. Solch harmloser familiärer Mundraub, noch dazu, wenn sie dabei ist, gehört halt einfach dazu. Nun, und nach dem Mittagessen, das heute nicht besonders üppig war, denn sie hatte doch eine Menge vorzubereiten und sie weiß ja, wie gesagt, daß sich die Familie an diesem Tag heimlich süße Früchte pflücken wird, geht es mit Hilfe der Küchenjungen und -mädchen los. Kaum angefangen mit den Vorbereitungen, erfüllt bereits ein aromatischer, zauberhafter Duft die mollig warme Küche und zieht durch die halboffene Küchentür hinein in die Wohnung. Der Gewürzduft berauscht sie alle immer mehr, der Rührrekord wird gebrochen, die Mandelstifte sind so fein wie nie, alle drücken sich glück-

# Bald nun ist Weihnachtszeit ...

lich über den ersten fertigen und gelungenen Zimtsternen die Hände – da erscheint, nein, da stürzt, angelockt durch den Duft wie eine Biene, der Vater herein – und eben jenem Gärtner gleich sinkt er auf den erstbesten Küchenstuhl, atmet tief die herrlichsten Aromen ein, ergreift einen Model, packt den Glasurpinsel, arbeitet mit.
An diesem Abend vergessen sie alle das Abendbrot. Der Vater erzählt von den kunstvollen Küchlein seiner Mutter, die Mutter erinnert sich daran, daß die Großmutter im alten Berlin mit der Kutsche umherfuhr, um alle notwendigen Zutaten selbst zu beschaffen, was sie bei ihren zahlreichen Mädchen eigentlich nicht nötig gehabt hätte – und auch die Kinder erinnern sich beim Ausstechen mit ihrem Lieblingsstern oder dem verbogenen Eichhörnchen an die Genüsse der letzten Jahre. Ob es diesmal wieder so viele abgebrochene Hunde- und Katzenschwänze gibt, die man als letzte Erinnerung an das Weihnachtsfest zum Dreikönigstag auf dem Grund der Blechbüchse findet?
Schließlich sind sich alle darin einig, daß die fabrikmäßig hergestellten Herzen und Sterne zwar schön ebenmäßig sind, eines wie das andere gepreßt, geschnitten und gestanzt, auch kein dunkles oder verbranntes Stück darunter, und vornehm blaßgold sind sie alle, natürlich, wenn sie im automatischen Ofen gebacken werden. Aber wer erinnert sich schon später daran? Den völlig auseinandergelaufenen Weihnachtsmann von vor zwei Jahren, der so gespenstisch aussah mit dem einen Auge (das zweite in Gestalt einer Rosine hatte die tiefe Höhlung vorzeitig verlassen), den werden sie sicher nie vergessen!
Und sie bestellen bereits heute ihre Lieblingsbäckerei, natürlich jeder etwas anderes, für »später mal, wenn ich woanders wohne und nicht zu Weihnachten nach Hause kommen kann«.
Dann geht einer nach dem anderen voll des süßen Duftes ins Bett, und die Mutter spült noch sehr lange ab – und sucht dann alle Blechschachteln, Suppenterrinen und Dosen, deren sie habhaft werden kann, zusammen. Sehr spät kommt sie zur Ruhe und findet auf ihrem Bett einen besonders gut geratenen Zimtstern, auf dessen einer Zacke ein Briefchen steckt: »Gute Nacht! Bis Du endlich kommst, schlafe ich schon.«
Der Oberküchenmeister schläft schon seit einer Stunde.
Der schlichte Küchenmeister aber wünscht gutes Gelingen Ihrer weihnachtlichen Bäckerei und eine friedliche, fröhliche Weihnacht.

Hans Karl Adam

# Kleine Pfefferkuchenreise

# Kleine Pfefferkuchenreise

Wenn wir uns anschicken, den duftigen Schleier zu lüften, der über dem geheimnisvollen Backwerk aus Honig und Zimt, Mandeln und Zitronat schwebt, dann tauchen große Epochen der menschlichen Entwicklungsgeschichte vor uns auf. In den süßen Sternen und Herzen aus Zucker und Mehl, in den Spekulatius', in den Springerle, die heute noch durch die handgeschnitzten Holzmodel ihre Form finden, verbirgt sich eine Fülle vorchristlicher und christlicher Überlieferung.

Schon in den ältesten Zeiten kannte man das Backwerk als Opfergabe. Altgermanische Opferschmäuse zur Zeit der Wintersonnenwende waren die Vorläufer unseres heutigen Weihnachtsgebäckes. Diese Bräuche lassen sich sowohl in England als auch in Skandinavien nachweisen. Man brachte dem Sonnengott Opfer dar, bei denen nie ein Eber fehlen durfte. Nun hatte ja nicht jeder einen Eber zur Hand, warum sollte man nicht sein Ebenbild aus Mehl und Honig backen? Hier haben wir den Vorfahren unseres heutigen *Honigkuchens*.

Unser altvertrauter *Lebkuchen* ist, so unwahrscheinlich es klingen mag, vermutlich ein Lehnwort. Die Volksetymologie leitet es zwar vom mittelalterlichen »libum« (Fladen) ab, was allerdings bestechend, aber lautlich unmöglich ist. Man bringt es auch in Verbindung mit Lebens- oder Labekuchen, weil die ersten Lebkuchen in den Klöstern gebacken wurden, um damit die Armen zu laben. Sicher dienten sie nicht allein diesem wohltätigen Zwekke, sondern auch zur Gaumenfreude der frommen Brüder und Schwestern. Gerade der mittelalterlichen Klosterküche verdanken wir ja manch herrlichen Tropfen und köstliche Speisen, weil es den Brüdern Küchenmeistern durchaus Dienst am Höchsten war, aus den schönen Gottesgaben das Beste zu zaubern. Deshalb ist es auch sehr verständlich, daß aus diesen sorgfältig geleiteten Küchen wundervolle Lebkuchenrezepte in die bürgerlichen Backstuben kamen.

Der dritte im Bunde der Kuchen ist der *Pfefferkuchen*. Der Name rührt nicht etwa daher, daß zu dem Teig Pfeffer verwendet wurde; nein, alle Gewürze, die man zu seiner höchsten Vollendung brauchte, kamen aus den »Pfefferländern«.

Jedes Volk hat im Laufe der Jahrhunderte seine eigene Art entwickelt, Backwerke zu bereiten. Es hat sicher seinen Grund, daß im Süden Deutschlands der Reichtum an Formen und Rezepten üppiger ist als im Norden. Wenn man annimmt, daß die »süße Kunst« aus Persien stammt, über Griechenland, Sizilien nach Rom kam, dann ist die Wahrscheinlichkeit sehr groß, daß eine ganze Reihe von Rezepten, zumindest die Anregungen dazu, von dort herrühren.

Später lassen sich Wege nachweisen, die nach Frankreich, Holland, Belgien, Italien, Schweiz und Österreich führen. Viele verdanken wir den Kreuzrittern und den Handelsleuten, die den nahen Orient bereisten ... Dennoch dürfte die Frage gar nicht so leicht zu beantworten sein, woher sie wirklich alle kommen mögen. Jedenfalls spüren wir, daß

# Kleine Pfefferkuchenreise

bei jedem Rezept der Zauber der Herkunft mitschwingt, was den Reiz erhöht, die süßen Rätsel zu lösen und den ältesten Spuren unserer Weihnachtsgebäcke zu folgen.

Machen wir zusammen eine Pfefferkuchenreise durch Deutschland, verwandeln wir uns in Hänsel und Gretel und suchen wir alle Knusperhäuschen, die es im deutschen Wald gibt, auf. Zuerst bereisen wir Franken, und hier erfahren wir in alten Stadtchroniken, daß es bereits im 13. Jahrhundert dort eine Gilde der »Pfefferküchler« gab. Ein kleiner Abstecher nach Bayern lehrt uns, daß diese »Pfefferküchler« seit 1470 in München ihre eigene Zunft hatten. Doch zurück ins Fränkische, in die Pfefferkuchenstadt mit zwei Sternen: Nürnberg! Es gab im Mittelalter für diese Stadt einen wunderschönen Namen: »Des Heiligen Römischen Reiches Bienengarten«. Dieser Bienengarten war ein riesiger Wald bei der Stadt; zu Füßen der Nadelbäume ein rotes Meer von Heidekraut und viele, viele Bienen. Die Nürnberger gewannen also einen ausgezeichneten Honig, süßten ihre Küchlein damit (Zucker gab es ja noch nicht) und wurden im Laufe der Jahrhunderte weltberühmte Lebkuchenbäcker. Dazu kam aber noch, daß diese mächtige Stadt die Metropole für den Handel mit Italien war, der die kostbaren Gewürze, wie Mandeln, Zitronat, Orangeat, Ingwer und viele andere, sozusagen ins Haus und in die Backstuben lieferte.
Anfänglich gaben sich nur die Bäcker damit ab, *Lebkuchen* herzustellen. Sie teilten sich später in die sogenannten Schwarz- und Weißbäcker. Aus den Weißbäckern gingen die Lebzelter und Pfefferküchler hervor. Der Rat der Stadt Nürnberg zeichnete sie am 16. April 1643 mit besonderen Privilegien aus und erhob sie zu einer eigenen Zunft. Wie klug sie mit jenen Privilegien umzugehen wußten, erkennt man daran, daß sie bis heute ihren Honigkuchenruhm noch in aller Welt zu steigern verstanden. Wenn irgendwo die Rede auf Nürnberg kommt, spricht man beglückt von seinen Pfeffer- und Lebkuchen.
Unsere Reise führt uns nun nach Schwaben, nach Ulm. Nirgends in ganz Deutschland wird wohl heute noch so viel weihnachtliche Hausbäkkerei betrieben wie im »Schwabeländle«. Vielleicht liegt es an dem hervorragenden Mehl, aus dem man ohnehin täglich seine Spätzle selber macht. Die Rezepte für die *Brötle* sind Familiengeheimnisse, die von Generation zu Generation vererbt werden. Wie auch in anderen Gegenden, gibt es besonders dortzulande eine große Zahl von Ausstechern und Holzmodeln, die zu nichts anderem verwendet werden dürfen als nur zum Weihnachtsgebäck.
Das schwäbische *Schnitz- oder Hutzelbrot,* das dem Tiroler Kletzenbrot und dem Schweizer *Birewegge* ähnelt, darf zum Weihnachtsfest in keiner Familie fehlen. Ebensowenig die *Springerle,* die *Bärentätzle,* die *Albertle,* die *Butter-Essle* und vor allem die herrlichen Zimtsterne.
Unsere Rundreise geht in nördlicher Richtung weiter nach dem Rheinland,

in die Stadt der Printen: Aachen. Die *Aachener Printe* ist nicht nur in Deutschland bekannt und hochgeschätzt, sondern in der ganzen Welt. Und wenn auch der Aachener Karlspreis schon eine Konkurrenz bekommen hat, so wird die Aachener Printe gewiß keine bekommen.
Will man die Wiege der Aachener Printe suchen, so wird man die Spuren in Dinant, im heutigen Belgien finden. Hier ziselierten flandrische Gelbgießer am Ende des 15. Jahrhunderts berühmte Backformen. Tatsache ist, daß noch im vorigen Jahrhundert »Dinang« ein bestimmtes Aachener Rezept bezeichnete. Der Teig mußte stets fein sein, damit er sich printen, das heißt drucken ließ. Ursprünglich war er ungesüßt. Zucker und Gewürze wie andere Verfeinerungen haben die Aachener Zuckerbäcker der Printe erst im Laufe der Jahrhunderte angedeihen lassen. Früher wurde der Teig bereits im Herbst in den Keller gebracht, damit er die richtige Reife und Gärung bekam. Dann wurden die Printen bei offenem Eichholzfeuer gebacken. Später konnte die älteste Firma im 250. Jahr ihres Bestehens täglich zwölf Kilometer Printen herstellen! Im Weihnachtsmonat wurde sogar so viel produziert, daß man die Straße von Aachen nach Ungarn hätte damit belegen können.
Vergessen wir nicht, im Rheinland dem *Man von Weck* (weil er aus Semmelteig gebacken wird) einen Besuch zu machen. Der Volkskunde nach ist er die Nachbildung von »Hans Muff«, dem Knecht Ruprecht. Seine Berühmtheit geht aber kaum weiter als bis zu den Grenzen des Rheinlandes.

# Kleine Pfefferkuchenreise

In Westfalen hat dieser Mann einen Bruder, den *Stutenkerl,* aus Hefeteig gebacken, mit einem Rosinengesicht und einer Tonpiepe (= pfeife) im Munde.

Am Niederrhein in Kleve kosten wir die nach alten Rezepten gebackenen *Honigkuchen* und *Spekulatius,* und in Kevelaer begegnen uns die köstlichen Madonnen-Lebkuchen.

Wir wenden uns nun östlich zur Stadt Eulenspiegels, nach Braunschweig. Hier gibt es den richtigen *Pfefferkuchen.* Er wird in langen Formen gebakken, die oft ein Gewicht von zwölf Pfund und mehr haben. Es ist ein unvergeßliches Erlebnis, dabei sein zu dürfen, wenn ein solches Monstrum, braunglänzend, herrlich duftend und dampfend, aus dem heißen Backofen gezogen wird. Ausgekühlt, wird er in Stücke geschnitten. Wir dicken die Sauce zum Weihnachtskarpfen damit, daher der Name »Fischpfefferkuchen«.

Bremen dürfen wir im Norden keineswegs vergessen mit seinem berühmten *Bremer Klaben,* der dem Stollen nicht unähnlich ist. Er wird ebenfalls in alle Welt verschickt, damit die Weihnachtsfreude vollständig sei.

Da wir gerade bei einer Hansestadt zu Gast waren, fahren wir gleich in die nächste: Lübeck. Diese Stadt ist mit dem kostbaren *Marzipan* ganz besonders eng verbunden. Früher war es eine ausgesprochene Weihnachtslekkerei, heute gibt es Lübecker Marzipan das ganze Jahr.

Wäre es möglich, wir würden nun gleich nach Ostpreußen weiterfahren, um eine der berühmten farbenfrohen *Königsberger Marzipantorten* zu essen. Doch tröstet es uns zu wissen, daß diese delikat in weißen Kartons mit Spitzen verpackten Torten traditionsgetreu im Westen hergestellt werden.

Wir erinnern uns an das ebenfalls im Osten liegende Thorn, eine bedeutende Pfefferkuchenstadt. Von hier stammen die berühmten *Thorner Kathrinchen,* die uns seit 1640 überliefert sind.

Wenn wir etwas über schlesisches Weihnachtsgebäck wissen wollen, so bleibt uns nur der Besuch bei einem schlesischen Bäcker übrig, der uns vielleicht etwas vom *Echt Neisser Konfekt* erzählt, vom »Braunkonfekt«, mit dünnem Zuckerguß glasiert und mit Spritzglasur verziert, und vom vornehmen »Schokoladenkonfekt«. Der Teig ist reich an Eiern und braunem Zucker sowie wertvollen Gewürzmischungen. Wahre Künstler sind auf diesem Gebiet die Neisser Pfefferküchler, die auch heute wieder ihre Küchlein, Pfeffernüsse, Pflastersteine und Spitzkuchen, getreu der früheren Qualität, nach den geretteten Rezepten backen.

Sollte hier der eine oder andere Ort mit gewisser Pfefferkuchentradition aus Unkenntnis vergessen worden sein, so bitten wir um Entschuldigung. Zwei Plätze aber erwähnen wir noch: Coburg mit seinen »Coburger Schmätzchen«, ein bräunliches, flaches, rundli-

ches Gebäck, sowohl geschmacklich, als auch im Aussehen dem »Neisser Konfekt« ähnlich (»Schmätzchen« ist dortiger Dialekt und heißt Küßchen). Und Borgholzhausen, in der Nähe von Osnabrück, Teutoburger Wald. Wahrscheinlich ähnlich wie in Nürnberg, vom Honigreichtum ursprünglich begünstigt, geht hier die Pfefferkuchentradition auf das Jahr 1740 zurück. Damals trug man noch die Plätzchen in einer Kiepe von Markt zu Markt, um sie zu verkaufen. Heute steht dort eine moderne Fabrik, die das ganze Jahr über gleichbleibend gute Küchlein fabriziert nach alten Rezepten. Große Honigkuchenherzen aber muß man immer noch mit Zuckerguß von Hand verzieren. Einer der beliebtesten Sprüche ist:

Froh mein Herz mir ist,
wenn Du bei mir bist!

Wir dürfen unsere Exkursion nicht beenden, ohne der ehrbaren Familie der Stollen eine Referenz erwiesen zu haben. Wo das Stammhaus stand, ist kaum noch festzustellen. Mit Abstand aber ist der berühmteste Vertreter der *Dresdner Stollen.* Mit Recht hat er seinen guten Ruf, denn wer sich einmal sein butterüppiges Rezept mit all den herrlichen, würzigen Zutaten angeschaut hat, dem läuft schon beim Lesen das Wasser im Munde zusammen. Eine derart kompakte Zusammenstellung edelster Rohstoffe aus aller Herren Länder muß eine Köstlichkeit besonderer Prägung ergeben.

Und wer erinnert sich nicht an die herrliche *Liegnitzer Bombe,* diesen reich gefüllten Honigkuchen mit Schokoladenüberzug?

Dem Stollen nah verwandt ist der *Thüringer Schittchen.* Er wird mit der gleichen Liebe gemacht, und es ist ein geheiligtes Vorrecht der Großmütter, den Schittchen zu backen. Wenn der Hausherr am Heiligen Abend beim Anschnitt nach der ersten Probe zufrieden feststellt, daß er wohl noch nie so gut war wie heuer, dann ist die Großmutter überglücklich!

Nachdem wir nun auch Thüringen einen Besuch abgestattet haben, schließt sich der Kreis: unsere Pfefferkuchenreise ist beendet. Doch wünschte ich jedem den Besuch eines alten Pfefferküchlermeisters. Unvergeßlich zu sehen, wie er im handgeschriebenen Rezeptbuch blättert, dessen geheimnisvolle Rezepte er während seiner Wanderschaft sammelte. Anheimelnd, ihn beim Arbeiten zu beobachten. Nur die landläufigen Zutaten dürfen von den Gehilfen abgewogen werden, niemals die Gewürzmischungen, deren Zusammenstellung die Meister wie einen großen Schatz hüten. Dabei duftet es verwunschen, als kämen die heiligen drei Könige aus dem Morgenland mit ihren kostbaren Geschenken höchstselbst daher.

# Schon duftet es nach Honig und Zimmet

Eine kleine Beschreibung der Köstlichkeiten, aus denen wir unser Weihnachtsgebäck zaubern.

# Schon duftet es nach Honig und Zimmet

Anis, diese sehr aromatischen Körner sind die Früchte eines einheimischen Doldengewächses. Es gedeiht in Süddeutschland und in vielen anderen europäischen Ländern, stammt aber aus exotischen Gegenden. Süße Kindheitserinnerungen werden wach, wenn Anisaroma das weihnachtliche Haus durchzieht. Anis gibt es ganz und gemahlen.

Bienenhonig ist eine Mischung von Trauben- und Fruchtzucker. Er ist eines der ältesten menschlichen Nahrungsmittel. Auch Ambrosia, die Speise, die den griechischen Göttern Unsterblichkeit verlieh, war ein Honiggemisch. Noch bei Aristoteles und Plinius fällt der Honig als Tau vom Himmel, und die Dichter des goldenen Zeitalters lassen ihn von den Bäumen fließen. Ein anmutiges Land ist in der Bibelsprache ein Land, in dem Milch und Honig fließen, und in der nordischen Götterlehre träuft von der heiligen Esche der Tau als Hunangsfall auf die Erde und nährt die Bienen.

Schon die Alten schrieben dem Honig Heilkräfte zu, sie rühmten, daß er im Dunkeln Hellsicht verleihe. Auch bedienten sie sich seiner statt des Zuckers zum Süßen der Speisen und bereiteten aus Honig und edlem, altem, herbem Wein ein köstliches Getränk. Es wurde bei Triumphen unter das siegreiche Heer verteilt und den Unterirdischen als Totenopfer dargebracht. Auch der Met, der Trank, an dem sich unsere germanischen Vorväter berauschten, war bekanntlich ein vergorenes Gemisch aus Honig und Wasser. Unseren Bienen verdanken wir den ersten Zucker. Erst Mitte des 18.Jahrhunderts, als der billige heimische Rübenzucker den kostspieligen Rohrzucker ablöste, begann dieser den Honig als Süßmittel aus unserer Küche zu verdrängen. Ein Blick in die Kochbücher unserer Urgroßmütter macht dies klar.

*Ein kleiner Rat:* Achten Sie beim Einkauf darauf: »Deutscher Bienenhonig« stammt wirklich aus Deutschland, während »Reiner Bienenhonig« aus dem Ausland eingeführt ist.

Hagelzucker nennt man den groben, körnigen Zucker, der als verlockender Belag öfters in unseren Rezepten auftaucht.

Hirschhornsalz, siehe unter Pottasche.

Ingwer wird aus den Seitenwurzeln des Ingwerschilfes gewonnen und heute vor allem in Westafrika, Japan, Ostindien, Australien und Brasilien angebaut. Er spielt besonders in der englischen Küche eine große Rolle. Hierzulande ist er leider etwas aus der Mode gekommen.

Kardamom heißen die getrockneten, feingemahlenen Samen eines Ingwergewächses. Der beste kommt zu uns aus Ceylon. Er bildet ein köstliches Ingredienz jeder Lebkuchenmischung.

Koriander, eines der ältesten Gewürze, stammt aus dem Mittelmeergebiet, wird aber auch in Franken und Thüringen angebaut. Es sind die runden Samenkörner eines einjährigen Doldengewächses, die hauptsächlich als Brotgewürz und zu Weihnachtsbäckereien verwendet werden.

Korinthen sind die kleinen, kernlosen, schwarzblauen bis schwarzen, getrockneten Weinbeeren aus Griechenland.

## Schon duftet es nach Honig und Zimmet

Sie haben ihren Namen nach der griechischen Stadt Korinth.
Kunsthonig (Invertzuckercreme) besteht meist aus Invertzucker, oft auch aus eingedickten Fruchtsäften, ergänzt durch aromatische Zusätze. Er kann durchaus an Stelle von Bienenhonig oder mit diesem zu gleichen Teilen gemischt zur Weihnachtsbäckerei verwendet werden.
Kuvertüre heißt eine Schokoladenmasse, die zum Überziehen von Gebäck verwendet wird (aus dem Französischen: couvrir = bedecken). Sie wird immer im Wasserbad geschmolzen und nicht zu heiß (37 °C) aufgetragen.
Mandeln sind die milden Samenkerne einer Baumart, die rund um das Mittelmeer wächst. Besonders berühmt sind die Barimandeln. Wir bekommen sie in der Hauptsache aus Spanien und Süditalien. Es gibt süße und bittere Mandeln, letztere werden nur als Gewürz im Weihnachtsgebäck verwendet. Bittere Mandeln sind schwer zu bekommen, sie können durch einige Tropfen Bittermandelöl ersetzt werden.
Muskat wird fertig gemahlen oder frisch von der Nuß gerieben verwendet. Die weißen, gekalkten Nüsse (Samenkerne) kommen von den Molukken. Dort tragen die Muskatbäume über siebzig Jahre lang alljährlich bis zu zweitausend Früchte.
Muskatblüte oder Macis heißt der Samenmantel, der die Muskatnuß gelbrot umgibt. Nach dem Trocknen wird sie gemahlen und als beliebtes Lebkuchengewürz verwendet.
Nelken sind die als Knospen gepflückten Blüten des Nelkenbaumes, der auf den Molukken und in Westindien heimisch ist. Getrocknet und gemahlen, würzen sie als Nelkenpulver unsere Honigkuchen und Lebzelten.
Nonpareilles sind die winzigen bunten Liebesperlen, mit denen wir unser Gebäck verzieren.
Nüsse, sowohl Hasel- als auch Walnüsse, wachsen bei uns, werden aber auch aus den Mittelmeerländern eingeführt.
Orangeat heißt man die kandierte Schale der Apfelsinen. Wir können es uns selbst herstellen durch Einzuckern würflig geschnittener Orangenschalen.
Piment, auch Englisch-Gewürz oder Nelkenpfeffer genannt, ist die unreif geerntete Beere eines kleinen Myrtenbaumes im karibischen Gebiet. Sie vereint aufs Köstlichste Geschmack und Geruch von Zimt, Nelken und Pfeffer.
Pistazien, auch »grüne Mandeln« genannt, sind nicht zu verwechseln mit den echten grünen Mandeln, die unreif mit der Schale eingelegt werden. Sie sind die länglichen grünlichen Steinfrüchte des harzreichen Pistazienstrauches, der in den Mittelmeerländern wächst. Auch hier werden die Samenkerne verwendet, vor allem in den altüberlieferten Rezepten aus Großmutters Zeiten.
Pottasche und Hirschhornsalz sind Triebmittel, die eigentlich nur noch bei der Weihnachtsbäckerei verwendet werden. Pottasche wurde früher durch Auslaugen von Holzasche im »Pott« gewonnen, daher der Name. Wenn dieses Mittel dem Teig zugesetzt wird, sollte er mindestens eine Nacht stehen. Hirschhornsalz eignet sich nur für trockenes Flachgebäck. Triebmittel werden im-

# Schon duftet es nach Honig und Zimmet

mer in etwas Flüssigkeit aufgelöst. Bitte immer nur kleine Mengen kaufen und gut verschlossen aufbewahren, da beide Wasser ziehen!

Puderzucker oder Staubzucker ist gemahlener Zucker, der hauptsächlich für die Zubereitung von Glasuren (s. Seite 87 ff.) benötigt wird.

Rosinen spielen in unserer Kuchenbäkkerei eine solche Rolle, daß sie beinahe sprichwörtlich geworden sind. Diese winzigen, getrockneten Weinbeeren kommen vor allem aus Griechenland, der Türkei und Spanien. Große Rosinen nennt man auch Zibeben, arabisch zibiba (s. Korinthen und Sultaninen).

Schokolade ist eine herrliche Mischung aus der Frucht des Kakaobaumes (mexikanisch cacauatl oder chocolatl), Zucker und Gewürzen, vorzüglich Vanille. Sie wurde unter dem spanischen Namen chocolate um 1550 in Europa bekannt, das sie im raschen Siegeszug eroberte. Es wurde zur Gewohnheit der Leute von Stand, zum Frühstück die belebende »Chocolade« aus zartem Porzellan zu schlürfen.

Sultaninen sind sehr süße, kernlose, mittelgroße, getrocknete Weintrauben. Sie sind goldfarben und stammen meist aus der Türkei. Kein Gugelhupf ohne Sultaninen!

Sirup (Melasse) heißt der bei der Zukkerherstellung abtropfende Zuckersaft, der nicht kristallisiert und als Brotaufstrich und Backzutat verwendet wird.

Vanille, diese edelste der Würzen, ist die Fruchtschote einer tropischen Orchideenart. Berühmt ist die Vanille von der französischen Insel Réunion, die früher Bourbon hieß. Deshalb nennt man sie noch heute »Bourbonvanille«.

Vanillin heißt der wichtigste Aromastoff der Vanille, der jetzt auch synthetisch hergestellt wird. Nie aber wird es den blumigfeinen Duft der echten Vanille haben.

Zimt oder Kaneel ist die Rinde des Zimtbaums, dessen klassische Anbaugebiete Ceylon, China und Indonesien sind. Verwendet wird die Rinde der jungen Bäumchen. Auf Ceylon, wo die feinsten Sorten gewonnen werden, schlägt man die Bäumchen ab und läßt aus den Wurzelstöcken junge Triebe wachsen, die dann sorgfältig abgeschält werden. Getrocknet und gemahlen, würzen sie unser Weihnachtsgebäck und erfüllen das Haus mit verheißungsvollem Duft.

Zitronat oder Sukkade nennt man die kandierte Schale einer speziellen Zitronenart, die bis zu zwei Kilogramm schwer wird. Dieses köstliche Ingredienz der Weihnachtsbäckerei muß durchscheinend grün und ziemlich fest sein, zum Backen wird es immer fein gewürfelt. Dient es als Verzierung, schneidet man es in dünne Keile.

# Kleine Kniffe helfen beim Backen

# Kleine Kniffe helfen beim Backen

- Eine *Schürze,* vorne gebunden, und ein *Handtuch* an der Seite werden gute Dienste leisten.
- Sämtliches Handwerkszeug auf einem *Tablett* zurechtlegen, damit es mit einem Handgriff transportiert werden kann.
- Ein *Schüsselhalter* oder ein feuchtes Tuch unter der Schüssel verhindert ihr Rutschen beim Rühren.
- Ein *Gummischaber* zum bequemen Säubern der Schüsseln spart Zeit und Geld.
- *Gerührte Teige,* bei denen Ei und Zucker geschlagen werden, soll man niemals in einem Aluminiumgefäß bereiten. Am besten verwendet man Steingut-, Porzellan-, Kunststoff- oder Chromarganschüsseln.
- *Feste Teige* sind am besten auf einem großen Brett oder einer Marmorplatte herzustellen.
- Das *Ausrollen* des Teiges geschieht immer auf einem möglichst großen, bemehlten Brett. Zum Abkehren des Mehles sollte ein kleiner Handbesen dasein, der nur zu diesem Zweck benützt wird.

  Um eine gleichmäßige Dicke des Teiges zu erzielen, erfolgt das Ausrollen immer von der Mitte aus. Dies geschieht möglichst leicht und flink, damit der Teig weder am Brett noch an der Rolle kleben bleibt. Es ist am rationellsten, den Teig im Rechteck auszurollen.
- *Die Ausstecher* – am besten aus Metall oder Kunststoff – werden in Mehl getaucht. Natürlich können zum Ausstechen auch Tassen oder Gläser verwendet werden.
- *Bleche* werden am einfachsten mit einer Speckschwarte oder mit Bienenwachs gefettet. Es kann auch Margarine, Öl oder Schweinefett dünn mit dem Pinsel aufgetragen werden. Form oder Blech müssen vorher tadellos sauber sein. Am besten werden sie noch warm mit Papier ausgerieben. Besonders verschmutzte Formen macht man heiß und putzt sie mit Salz und Papier. Von Zeit zu Zeit müssen sie allerdings mit sehr heißem Soda- oder Salzwasser gewaschen werden, weil alte Fettrückstände ranzig werden. Zum Backen einige Backbleche vom Nachbarn leihen oder kaufen, sie sind nicht teuer. Mit einem Blech dauert es zu lange, weil immer gewartet werden muß, bis es frei, geputzt und kalt ist.
- Man kann auch *Backtrennpapier* verwenden, die bedruckte Seite aufs Blech legen. So erspart man sich das Blechputzen.
- *Unterblech* heißt das Blech, das man leer unter ein volles schiebt, wenn die Unterhitze zu stark ist. Zum Abdecken gegen zu starke Oberhitze verwendet man ebenfalls ein leeres Blech oder ein Pergamentpapier.
- Werden *Bleche gemehlt,* dann dünn einfetten, von einer Ecke aus mit einer Handvoll Mehl überstreuen, das Blech leicht auf dem Tisch aufklopfen, damit sich das Mehl gleichmäßig verteilt.
- Das Backblech wird am besten ausgenützt, wenn man die Teigstücke in versetzten Reihen darauflegt.

# Kleine Kniffe helfen beim Backen

- *Neue Formen* erst einmal »ausheizen«, dann können sie benutzt werden.
- Das Einfüllen einer Masse in den *Spritzbeutel* erfolgt so, daß man die obere Öffnung wie einen Stulpenstiefel umschlägt, dadurch bleibt er außen sauber, und man kann ungestört arbeiten. Der Beutel soll nie zu prall gefüllt werden.
- Zum gleichmäßigen Schneiden von *Lebkuchen* fertigt man sich abgepaßte Schablonen aus Pappkarton an.
- *Backzeiten:* Die Küchenuhr erst einmal auf 10 Minuten einstellen. Wenn sie klingelt, in die Backröhre schauen. So verhindert man Backfehler.

Nur die besten Zutaten kaufen, so werden vorzügliche Gebäcke gezaubert:

- Nicht auf das Augenmaß verlassen! Sämtliche Zutaten sorgfältig *abmessen* bzw. *wiegen*.
- Jedem Rezept eine *Prise Salz* beimischen; nur so können sich die anderen Gewürze voll entfalten.
- *Pottasche* und *Hirschhornsalz* vor Gebrauch in kalter Flüssigkeit (Wasser, Milch oder Kirschwasser) auflösen.
- *Mehl* vor Gebrauch immer sieben, um es luftig zu machen und Klümpchen zu beseitigen. Zum guten Gelingen soll es immer nur in bester Qualität verwendet werden.
- Bei Verwendung von *Backpulver* empfiehlt es sich, dieses mit dem Mehl zu sieben, um es so gleichmäßig zu verteilen.
- *Puderzucker,* wenn er klumpig ist, erst auf dem Brett mit dem Rollholz bearbeiten, dann sieben oder im Mixer zerkleinern.
- *Eier* werden einzeln auf eine Untertasse geschlagen, ehe sie in den Teig kommen, um nicht eventuell durch Hinzufügen eines schlechten Eies den ganzen Teig zu verderben.
- *Eigelb* wird im Glas, mit Wasser bedeckt, aufbewahrt.
- *Eiweiß* muß sorgfältig vom Eigelb getrennt werden; sobald es »Goldfischlein« enthält, wird der Schnee nicht mehr steif. Am besten trennt man das Eiweiß vom Gelben am Abend vorher und stellt es über Nacht kalt (Kühlschrank). Es schlägt sich dann viel besser.

  Niemals in einer Aluminiumschüssel Eiweiß zu Schnee schlagen, er wird sonst grau.

  Von der Zuckermenge eines Rezeptes, in dem steifer Schnee benötigt wird, ein Drittel zurücklassen, in den fast fertigen Schnee geben und mitschlagen. Er wird geschlossener und sahniger und fällt beim Einrühren nicht so leicht zusammen. Empfehlenswert ist der Zusatz einer Prise Salz oder etwas Zitronensaft.

  Das Eiweiß soll nicht zu kräftig unter den Teig gerührt, sondern nur zart darunter gehoben werden.

  Um Teigteile zusammenzuhalten, genügt meistens das Bestreichen mit Wasser. In besonders heiklen Fällen verwenden wir Eiweiß.
- *Eiweißreste* dürfen nur in Ton- oder Porzellangefäßen kühl und kurz aufbewahrt werden.

# Kleine Kniffe helfen beim Backen

* Zum *Bestreichen* kann entweder das ganze Ei oder nur das Eigelb verquirlt verwendet werden. Kondensmilch erfüllt notfalls denselben Zweck.
* *Mandeln* werden abgezogen, indem man sie vorher mit kochendem Wasser überbrüht und so lange darin liegen läßt, bis sich die Schalen mühelos lösen. Wenn sie zu lange im Wasser bleiben, werden sie grau und unansehnlich. Die geschälten Mandeln an der Luft oder mit einem Tuch trocknen, bevor sie gehobelt oder gemahlen werden.
* Das *Halbieren von Mandeln* zum Belegen von Lebkuchen geschieht, solange sie noch feucht sind. Sie werden auch feucht aufgelegt, damit sie beim Backen weiß bleiben.
* *Pistazien* werden genau wie Mandeln geschält.
* *Haselnüsse* werden enthäutet, indem man sie in den warmen Ofen stellt, bis sich die Schale abreiben läßt. Aufpassen, daß sie nicht zu dunkel geröstet werden.
  Beim Hacken von Nüssen oder Mandeln etwas Zucker darüberstreuen, um das Herumspritzen zu verhindern.
* *Rosinen, Sultaninen oder Korinthen* werden nicht gewaschen, sondern in Mehl gewälzt und dann abgesiebt. Im Wasser büßen sie zuviel ihres Zuckergehaltes ein.
* *Zitronen- und Orangenschalen* nur von unbehandelten Früchten verwenden. Sie werden mit Würfelzucker oder einer Glasreibe abgerieben. Einfacher: die Oberschicht dünn abschälen und fein wiegen.
* *Rohmarzipanmasse* wirkt man zu Marzipan so: 200 g käufliche Masse mit 150 g Puderzucker. Im Frühstücksbeutel verpackt im Kühlschrank zum baldigen Verbrauch aufheben.

Ein paar Tips für Plätzchenreste:

* Hart gewordene Plätzchen weicht man in heißer Milch ein und verrührt sie zu einem geschmeidigen Brei, den man als Füllung in Pfannkuchen oder Omeletts streichen kann.
* Honigkuchenreste geben Schmor- oder Sauerbraten und Ochsenschwanzsuppe ein feines Aroma. Einfach zerbröseln, einrühren, die Sauce oder Suppe passieren.
* Klein zerbröselter Pfefferkuchen schmeckt, über Grieß- oder Reisbrei gestreut, sehr gut.
* Unter den Teig von Früchtebrot gemischt, sind feine Plätzchenbrösel gut verwertet.

Wir wollen bei unserer weihnachtlichen Bäckerei in der Familie nicht perfekt sein, dafür aber gut.

# Lebzelte und Honigkuchen

Gestohlen Brot ist süß wie Lebkuchen.
(Sprichwort)

# Lebzelte und Honigkuchen

## Basler Lebkuchen
ca. 50 Stück

*500 g Honig, 250 g Zucker,
100 g süße Mandeln, geschält,
grob gemahlen, 75 g Zitronat,
75 g Orangeat, beides fein
gewürfelt, 10 g Pottasche,
10 g Hirschhornsalz,
1 Likörglas Kirschwasser,
2 Päckchen Vanillinzucker, 10 g Zimt,
4 g Nelken, 5 g Kardamom,
abgeriebene Schale von 2 Zitronen,
2 Eier, 750 g Mehl,
viereckige Oblaten.*

Honig und Zucker aufkochen, abkühlen lassen, noch warm die Zutaten daruntermischen, zum Schluß das Mehl (das Triebmittel, also Pottasche und Hirschhornsalz, in dem Kirschwasser auflösen und hinzufügen). Den Teig über Nacht stehen lassen. Am anderen Morgen auf viereckige Oblaten verteilen, je Stück ca. 40 g. 1 Stunde trocknen lassen.
Bei 180–200 °C 20–25 Minuten backen. Noch warm mit *weißem Zuckerguß* (s. Seite 90) bestreichen.

## Haselnußlebkuchen
ca. 50 Stück

*350 g Puderzucker, 7 Eiweiß,
250 g gemahlene Haselnüsse,
Saft von 1 Zitrone, 50 g Zitronat,
fein gewürfelt, 10 g Zimt,
1 Päckchen Pfefferkuchengewürz,
75 g Speisestärke, 75 g Mehl,
runde Oblaten.*

Eiweiß zu festem Schnee schlagen, alle Zutaten nach und nach daruntermischen, zuletzt das Mehl. Die Masse auf runde Oblaten verteilen, Durchmesser 6 cm, je Stück ca. 20 g. 2 Stunden trocknen lassen.
Bei 180–200 °C langsam backen. *Schokoladenguß* (s. Seite 89) darüberstreichen.

## Nürnberger Lebkuchen
ca. 35 Stück Foto Seite 24/25

*4 Eier, 250 g Zucker, 50 g Zitronat,
50 g Orangeat, beides klein
geschnitten, 100 g Mandeln, geschält
und gehobelt, 5 g Zimt, 5 g Kardamom,
je 1 Messerspitze Nelkenpulver,
Muskatblüte und Hirschhornsalz,
250 g Mehl, runde Oblaten.*

Eier mit Zucker schaumig rühren, nach und nach die anderen Zutaten hinzufügen (das Hirschhornsalz in 1 Eßlöffel kalter Milch auflösen) und zum Schluß das Mehl dazugeben. Die Masse auf runde Oblaten, 6 cm im Durchmesser, verteilen, über Nacht stehen lassen.
Bei 180 °C ca. 20 Minuten backen. Noch warm mit *weißem Zuckerguß* (s. Seite 90) bestreichen.

Sollten hier und da einmal Lebkuchen zu braun gebacken sein, dann gibt man sie zerbröselt an Saucen zum Dicken, beispielsweise zu Sauer- oder Schmorbraten, zu Ochsenschwanz oder zur Pfefferkuchensauce bei »Karpfen schlesisch«.

## Schokoladenlebkuchen
25–30 Stück Foto Seite 24/25

*325 g Zucker, 4 Eier, 75 g Zitronat, 75 g Orangeat, beides fein gewürfelt, 100 g Mandeln, geschält und gemahlen, 15 g Pistazien, geschält und gehackt, 240 g Mehl, 60 g Kakao, abgeriebene Schale von 1 Zitrone, je 1 Prise Kardamom, Nelkenpulver, Muskat, Zimt, runde Oblaten.*

Zucker und Eier schaumig rühren, dann nach und nach die Zutaten daruntermischen. Die Masse auf runde Oblaten, 10 cm im Durchmesser, verteilen, je Stück ca. 40 g.
Bei 180–200 °C ca. 25 Minuten backen. Ausgekühlt mit *Kuvertüre* (s. Seite 89) und *Nonpareilles* fertigstellen.

## Bamberger Lebkuchen
ca. 20 Stück

*250 g Zucker, 6 Eigelb, 100 g Zitronat, fein gewürfelt, 125 g Mandeln, geschält und gemahlen, 225 g Mehl, abgeriebene Schale von 1 Zitrone, 5 g Hirschhornsalz, viereckige Oblaten.*

Zucker mit Eigelb schaumig rühren. Die restlichen Zutaten nach und nach daruntermischen. Die Masse auf viereckige Oblaten verteilen, ca. 50 g pro Stück. Mindestens 3 Stunden trocknen lassen.
Bei 180–200 °C 20 Minuten backen. Ein Scheibchen Zitronat als Schmuck in die Mitte legen, noch warm mit *weißer Glasur* (s. Seite 90) bestreichen.

## Elisenlebkuchen
ca. 15 Stück Foto Seite 24/25

*180 g Zucker, 2 Eiweiß, 150 g Mandeln, geschält und gemahlen, 50 g Zitronat, 50 g Orangeat, beides fein gewürfelt, 50 g Mehl, abgeriebene Schale von 1 Zitrone, 2 Päckchen Vanillinzucker, runde Oblaten.*

Zucker mit Eiweiß schaumig rühren, die restlichen Zutaten nach und nach daruntermischen. Masse auf runde Oblaten, 10 cm im Durchmesser, verteilen, ca. 40 g pro Stück. 1 Stunde trocknen lassen.
Bei 180–200 °C ca. 20 Minuten backen. Noch warm mit *Orangenguß* (s. Seite 89) glasieren.

## Schokoladenwürfel

*250 g Butter, 250 g Zucker, 6 Eier, 250 g Haselnüsse, mit der Schale gemahlen, ½ Teelöffel Lebkuchengewürz, je 2 Eßlöffel Orangeat und Zitronat, 250 g geriebene Schokolade, 100 g Mehl.*

Butter und Zucker schaumig rühren, die Eier dazugeben und nach und nach die Haselnüsse. Alle weiteren Zutaten in den Teig einarbeiten. Ein Backblech mit Backpapier auslegen und den Teig gleichmäßig daraufstreichen.
Bei 180 °C ca. 20–25 Minuten backen. *Zuckerguß* (s. Seite 89) auf das noch warme Gebäck gießen, nicht streichen. Kalt in Würfel schneiden.

# Lebzelte und Honigkuchen

## Ratsherrnplätzle
50–60 Stück

*500 g Honigkuchenteig oder*
*500 g süßen Mürbteig (s. Seite 42) mit*
*150 g Orangeat, fein gehackt,*
*150 g Haselnüssen, geschält und gemahlen, gut vermengen.*
*Zum Verzieren Ei und gehackte Mandeln.*

Aus dem Teig Rollen im Durchmesser eines Fünfmarkstückes formen. Kalt stellen, am besten in den Kühlschrank. Mit einem in warmes Wasser getauchten Messer Scheiben von 4 mm Dicke schneiden. Die Scheiben mit Ei bestreichen und mit gehackten Mandeln bestreuen.
Bei 180–200 °C ca. 20 Minuten backen. Ausgekühlt mit *Kuvertüre* (s. Seite 89) überziehen.

## Honigkuchen
80–100 Stück

*500 g Honig, 700 g Zucker, 80 g Butter,*
*3 Eier, 50 g Haselnüsse, gemahlen,*
*1 Päckchen Lebkuchengewürz,*
*1 Prise Muskat, ¼ l Bohnenkaffee,*
*50 g Kakao, 30 g Hirschhornsalz,*
*1 500 g Mehl, Mandeln und Zitronat zum Verzieren.*

Honig, Zucker und Butter schaumig rühren, dann die Eier und nach und nach die anderen Zutaten darunterziehen (Hirschhornsalz im Kaffee lösen). Teig 4 Stunden stehen lassen, dann auf dem Brett 5 mm dick ausrollen. Ausstechen und die Kuchen mit halben, geschälten Mandeln und Zitronatstücken belegen.
Bei 180–200 °C ca. 20 Minuten backen. Noch warm mit *Zitronenglasur* (s. Seite 89) bestreichen.

## Schweriner Gewürznüßchen
ca. 60 Stück

*100 g Butter, 150 g Zucker, 2 Eier,*
*250 g Mehl, ½ Päckchen Backpulver,*
*1 Prise Salz,*
*1 Teelöffel Lebkuchengewürz.*

Butter, Zucker und Eier schaumig rühren. Das Mehl mit dem Backpulver, Salz und Gewürz sieben, nach und nach zugeben, mischen und zu einem Teig verarbeiten. 6 daumendicke Rollen formen und über Nacht in den Kühlschrank stellen. Aus den Rollen je 10 Scheiben schneiden und auf das mit Backpapier belegte Backblech legen. Bei 200 °C 15 Minuten backen. Die Nüßchen mit Puderzucker bestreuen.

## Honigkuchenteig für Weihnachtsmänner und Knusperhäuschen

*500 g Honig, 500 g Roggenmehl,*
*250 g Zucker, 4 Eigelb,*
*12 g Hirschhornsalz,*
*20 g Honigkuchengewürz,*
*1 Prise kristalline Zitronensäure,*
*1 Prise Salz,*
*500 g Weizenmehl.*

Der Honig wird bis zum Kochen gebracht, das Roggenmehl daruntergerührt, beides zusammengeknetet und kalt gestellt.
Inzwischen den Zucker mit Eigelb, dem Gewürz und dem Triebmittel schaumig rühren, das Weizenmehl daruntermischen und nun beide Teige gründlich untereinandermengen. Den Teig 5 mm dick ausrollen, Figuren ausstechen und vorsichtig auf gefettete Bleche setzen. Bei 180–200 °C ca. 20 Minuten backen. Nun kann die Figur mit *Spritzglasur* (s. Seite 90) ausgeschmückt oder mit Bildchen aus Glanzpapier beklebt werden.

## Aachener Printen

50–60 Stück

*500 g Sirup, 40 g Wasser, 100 g Zucker,*
*600 g Mehl, 150 g Kandiszucker,*
*50 g Orangeat, fein gewürfelt,*
*1 Prise Piment, 8 g Anis, 5 g Koriander,*
*7 g Zimt, 1 Prise Nelkenpulver,*
*5 g Pottasche, 1 Prise Natron.*

Sirup mit Wasser heiß machen. Zucker beigeben, hernach das Mehl und die anderen Zutaten (Triebmittel in wenig Wasser auflösen). Den Teig 3 mm dick ausrollen, in Rechtecke von 3 × 8 cm schneiden oder in Formen pressen (printen). Diese Stücke werden auf mit Wasser besprengte Bleche gesetzt, mit Milch bestrichen.
Bei 200–220 °C ca. 15 Minuten backen.
Die Printen müssen mindestens 3 Wochen lagern, um weich zu werden.

## Thorner Kathrinchen

ca. 100 Stück

*200 g Honig, 50 g Butter, 175 g Zucker,*
*1 Ei, ½ Glas Wasser,*
*12 g Lebkuchengewürz,*
*abgeriebene Schale von 1 Zitrone,*
*625 g Mehl, 5 g Hirschhornsalz,*
*5 g Pottasche, Ei zum Bestreichen.*

Honig, Butter und die Hälfte des Zuckers warm machen. Die andere Zuckerhälfte mit Ei, Wasser und den Gewürzen schaumig rühren, dann die beiden Massen zusammengeben, das Mehl und das Triebmittel daruntermischen. Den Teig 4 mm dick ausrollen und in Rechtecke von 3 × 4 cm schneiden. Mit Ei bestreichen.
Bei 200–220 °C 15 Minuten backen.

## Brandenburger Vierecke

ca. 40 Stück

*200 g Butter, 60 g Zucker,*
*2 Eigelb, 300 g gesiebtes Mehl,*
*1 Päckchen Backpulver, 1 Prise Salz,*
*2 Teelöffel Lebkuchengewürz,*
*50 g gehackte, ungeschälte Mandeln,*
*1 Ei zum Bestreichen, feingehackte Mandeln, mit Zimt gemischt.*

Die Zutaten von Butter bis Gewürz zusammenkneten, 4 Rollen formen, über Nacht kalt stellen. Jede Rolle etwa 3 mm dick ausrollen und kleine Vierecke ausradeln. Mit Ei bestreichen, mit Zimtmandeln bestreuen, leicht darüberrollen, auf ein mit Backpapier belegtes Backblech legen.
Bei 220 °C etwa 15 Minuten backen.

# Spekulatius vom Rhein

# Spekulatius vom Rhein

MAN NEHME

Mutter, Vater, Tochter batz'ln
Anis-Laiberl, Butterplatz'ln.
Honig, Mandeln, Zitronat,
Sultaninen, Orangeat.
Haferflocken, Cocosfett
alles kommt aufs Nudelbrett.

Feig'n und Kardamom für d' Print'n,
Nelken, Anis und Korinthn
Hirschhornsalz und dürrte Birn,
Haselnüss' no' drunterrühr'n.
Backrohr auf und Backrohr zua.
und scho' kummt die nächste Fuhr.

Mandeln schäl'n und Streusel strahn,
Dotter pinseln, Fleischwolf drahn.
Von Haidhausen bis nach Solln
riachts nach Zimtstern und nach Stoll'n.
Riachts nach Bethlehem und Stroh
nach Frieden und nach Wunder scho'.

WILHELM A. LIEBL

## Spekulatius

ca. 400–500 Stück Foto Seite 30/31

*1000 g Weizenmehl,*
*12 g Backpulver, 400 g Butter,*
*450 g Zucker, 2 Eier,*
*abgeriebene Schale von 2 Zitronen,*
*8 g Zimt, 3 Päckchen Vanillinzucker,*
*je 1 Prise Kardamom,*
*Nelkenpulver und Salz.*

Das Mehl, vermischt mit Backpulver, auf dem Backbrett zum Kranz formen. In der Mitte die griffige Butter, darauf den Zucker, die Eier und die Gewürze geben. Diese Zutaten durcheinandermengen und von außen her das Mehl darunterwirken. Das Kneten muß rasch gehen wie bei einem Mürbteig. Der Teig soll über Nacht kühl ruhen.
Teig in Stücke schneiden und in Rollen von ca. 5 cm Durchmesser formen (die Länge entspricht der des Models). Auf die gut bemehlte Holzform legen, mit dem Handballen in die Form drücken, mit einem Messer den überstehenden Teig abschneiden und die Teigformen auf einem Tuch herausklopfen. Die Stücke auf gefettete Bleche setzen. Sollten sich die Teigformen nicht aus dem Holz lösen, so muß es entweder besser gemehlt oder dem Teig noch etwas Mehl untergewirkt werden. Man kann die geformten Teigstücke mit Milch bestreichen, ehe sie auf das Blech gesetzt werden.
Bei 180–200 °C ca. 15 Minuten backen.

* Sollten keine geschnitzten Spekulatiusformen verfügbar sein, kann der Teig 4 mm dick ausgerollt und ausgestochen werden.

# Spekulatius vom Rhein

## Gewürzspekulatius
ca. 80 Stück

*625 g Mehl, 375 g Butter,*
*1 Ei, 250 g Puderzucker,*
*2 Päckchen Vanillinzucker,*
*1 Prise Salz,*
*10 g Spekulatiusgewürz,*
*1 Prise Zimt,*
*1 Prise Nelkenpulver,*
*5 g Hirschhornsalz.*

Zubereitung wie bei Spekulatius.
Bei 180–200 °C ca. 15 Minuten backen.

## Spekulatius ohne Eier
ca. 160–170 Stück

*1 000 g Mehl, 600 g Zucker,*
*300 g Butter, ⅛ l Milch,*
*1 Messerspitze Zimt,*
*2 Päckchen Vanillinzucker,*
*4 g Hirschhornsalz.*

Zubereitung des Teiges wie bei Spekulatius.
Bei 180–200 °C ca. 15 Minuten backen.

✶ Wer keinen Holzmodel besitzt, kann den Teig 5 mm dick ausrollen und dann mit Tierförmchen ausstechen.

## Kölner Spekulatius
120–130 Stück

*1 000 g Mehl,*
*375 g Butter,*
*500 g Zucker,*
*5 g Spekulatiusgewürz,*
*⅛ l Milch, 125 g Mandeln,*
*geschält und gemahlen.*

Zubereitung wie bei Spekulatius.
Die Mandeln werden unter den fertigen Teig gewirkt.
Bei 180–200 °C ca. 15 Minuten backen.

## Vanille-Butterspekulatius
150–160 Stück

*1000 g Mehl, 375 g Puderzucker,*
*650 g Butter, 3 Eier,*
*4 Päckchen Vanillinzucker oder*
*2 Stangen Bourbonvanille.*

Zubereitung wie bei Spekulatius.
Bei 180–200 °C ca. 15 Minuten backen.

✶ Die Vanillestangen werden der Länge nach aufgeschnitten und das Mark herausgestrichen. Sorgfältig im Teig einarbeiten!

# Spezialitäten aus Schwaben

# Spezialitäten aus Schwaben

## Springerle

50–60 Stück

Foto Seite 34/35

Mit Recht dürfen Springerle als urschwäbisches Weihnachtsgebäck angesehen werden. Der lustige Name kommt wohl daher, daß sie beim Bakken beinahe um die Hälfte ihrer Höhe aufgehen. Auf diese Weise bekommen sie ihr weißes »Köpfle« und ihr »Füßle«. Wohl in keiner anderen Gegend Deutschlands ist das Backen eine solche Herzensangelegenheit der ganzen Familie wie im Schwäbischen, wo sich Rezepte und Model von Geschlecht zu Geschlecht vererben. Wie in der Rhön die Spinnstuben, so kennt man hier in der Adventszeit die »Springerlesbackabende«. Da wird abgewogen, gesiebt, gerührt und der Teig mit Andacht in die altvertrauten Holzformen gepreßt. Früher schnitzten die Zuckerbäcker ihre Model selbst, ursprünglich sogar in dikkes Leder, wie man aus manchen alten Museumsstücken ersieht.

*4 Eier, 500 g Puderzucker,*
*1 Prise Hirschhornsalz, 500 g Mehl, vom besten, 2 Eßlöffel Anis,*
*abgeriebene Schale von 1 Zitrone,*
*1 Likörglas Kirschwasser.*

Eier und Zucker 1 Stunde schaumig rühren, das Triebmittel dazugeben und nach und nach das feingesiebte Mehl hineinregnen lassen. Dann kommen die Gewürze dazu, und nun wird der Teig auf dem Brett fertiggewirkt. Zwei Stunden ruhen lassen. Die Model mit einem kleinen, mehlgefüllten Mullsäckchen gut ausstauben. Den Teig etwa 1 cm dick ausrollen, in Größe des Models beschneiden, darauflegen und mit dem bemehlten Handballen fest hineindrücken, damit die Formen scharf herauskommen. Dann die einzelnen Stücke sauber abschneiden und auf das gefettete, dünn mit Anis bestreute Blech legen. Nun läßt man sie 24 Stunden in der warmen Küche ruhen.
Bei 130–150 °C ganz langsam bakken. Sie dürfen unten zart goldgelb werden und müssen oben weiß bleiben und ein gleichmäßiges Füßchen bekommen. Das ist ein Prüfstein und Ehrenpunkt. Bitte nie mehr als 1 kg Teig anmachen, weil er sonst während der Verarbeitung zu rasch trocknet.

✶ Springerle müssen mindestens 4 Wochen kühl und nicht zu trocken lagern, damit sie schön zart und mürbe werden.

## Milch- oder Wasserspringerle

40–60 Stück

*315 g Puderzucker,*
*5 g Hirschhornsalz,*
*⅛ l kalte Milch oder Wasser,*
*440 g Mehl.*

Morgens Puderzucker und Hirschhornsalz mit Milch oder Wasser verrühren. Ab und zu umrühren, der Zucker muß sich lösen. Abends das Mehl daruntermischen, 30 Minuten zu einem glatten Teig kneten; er sieht aus wie Marzipan. Zugedeckt 30 Minuten ruhen lassen.
Den Teig in Portionen 1 cm dick ausrollen, in die Model drücken. Nach

dem Herausklopfen saubere Kanten schneiden. Gewachste Bleche mit Anis oder Fenchel ganz bestreuen, die Springerle daraufsetzen, 1 Nacht abtrocknen lassen.
Backofen auf 100 °C vorheizen, Blech einschieben, auf 150 °C schalten, 15–20 Minuten backen. Die Oberfläche soll weiß bleiben.

## Schwabenbrötle

ca. 100 Stück

*375 g Mehl,*
*250 g Butter,*
*250 g Zucker,*
*250 g gemahlene Mandeln,*
*1 Teelöffel Zimt,*
*abgeriebene Schale von 1 Zitrone,*
*1 Prise Salz, 2 Eier.*
Zum Verzieren: *Eigelb, Mandeln und Hagelzucker.*

Alle Zutaten zusammenarbeiten, den Teig 1 Stunde kühl stellen und ½ cm dick ausrollen. Figuren ausstechen, über Nacht liegen lassen. Mit Eigelb bestreichen, mit feingewiegten Mandeln und Hagelzucker bestreuen und bei 160–180 °C ca. 20 Minuten backen.

## Grießmakrönle

30–40 Stück

*4 Eiweiß, 250 g Zucker,*
*2 Päckchen Vanillinzucker,*
*125 g Grieß, 125 g Mandeln, geschält und gemahlen.*

Eiweiß zu festem Schnee schlagen, Zucker darunterziehen. Inzwischen den Grieß mit den Mandeln rühren und diese Mischung unter den Schnee ziehen. Die Masse über Nacht stehen lassen. Morgens mit einem Kaffeelöffel Häufchen auf gefettete Bleche setzen. Bei 180–200 °C ca. 25 Minuten backen.

## Zimtsterne

75–80 Stück Foto Seite 34/35

*9 Eiweiß, 500 g Puderzucker,*
*Saft von 1 Zitrone, 30 g Zimt,*
*500 g Mandeln, ungeschält und gemahlen, 125 g Zucker zum Auswellen.*

Eiweiß zu festem Schnee schlagen, den Zucker darunterziehen. Von dieser Masse ca. 10 Eßlöffel wegnehmen. Nun in den restlichen Teil des Schnees die anderen Zutaten mischen und 1 Stunde stehen lassen, damit die Mandeln gut aufweichen können. Von der Masse immer kleine Teile auf dem überzuckerten Brett 1 cm dick ausrollen, Sterne ausstechen und aufs Blech setzen, das gut gewachst und gemehlt sein muß. 2 Stunden lang abtrocknen lassen.
Dann die zurückgelassene Eiweißmasse in einen Spritzbeutel mit kleiner Lochtülle füllen und auf die Zimtsterne dünn kreuzweise spritzen. Das Gebäck kann auch einfach mit dem Guß bestrichen werden.
Bei 130–150 °C ca. 20 Minuten backen. Der Guß soll ganz blaß bleiben.

# Spezialitäten aus Schwaben

## Hägemakrönle
60–70 Stück

*3 Eiweiß, 250 g Zucker,*
*2 Eßlöffel Häge-(Hagebutten-)mark,*
*250 g Mandeln, geschält und gerieben,*
*Saft einer halben Zitrone.*

Eiweiß zu festem Schnee schlagen, Zucker und Hägemark darunterziehen. Von dieser Masse ca. 5 Eßlöffel wegnehmen. Unter den restlichen Teil die Mandeln und den Zitronensaft mischen. Nun diese Masse in einen Spritzbeutel mit Lochtülle füllen und auf gefettete und gemehlte Bleche spritzen, in der Größe eines Markstükkes etwa. In die Mitte dieser runden Tropfen mit einem Pinselstiel ein kleines Loch drücken, in dieses den abgenommenen Schnee spritzen, nur einen kleinen Punkt.
Bei 160–180 °C ca. 15–20 Minuten backen.

## Bärentätzle oder Schokoladenmuscheln
ca. 30 Stück

*4 Eiweiß, 250 g Zucker, Saft von*
*1 Zitrone, 60 g geriebene Schokolade,*
*1 Päckchen Vanillinzucker,*
*250 g Mandeln, ungeschält und gemahlen.*

Eiweiß zu festem Schnee schlagen, Zucker darunterziehen, weiterschlagen, dann langsam sämtliche übrigen Zutaten dazugeben. Dieser Masse 1 Stunde Ruhe gönnen. Aus dem Teig kleine Kugeln von etwa 20 g formen und in die mit Wasser ausgepinselten Formen drücken. Tätzle aus der Form heben und auf das mit Backpapier (Druckseite nach unten) belegte Backblech setzen. Über Nacht trocknen lassen.
Bei 160 °C ca. 15 Minuten backen.

- ✶ Ist keine holzgeschnitze Form vorhanden, kann man die Kugeln auch in einem Eßlöffel glatt drücken und so, die gewölbte Seite nach oben, auf das Blech legen.
- ✶ Die Hälfte der fertigen Bärentätzle mit Puderzucker bestreuen, weil es auch Eisbären gibt.
- ✶ Für helle und weiche Bärentätzle Schokolade fortlassen.

## Ulmer Brot
4–5 Brote

*1 500 g Mehl, 60 g Hefe, ½ l Milch,*
*125 g Butter, 250 g Zucker,*
*30 g Zitronat, gewürfelt, 1 Prise Anis,*
*1 Prise Fenchel, 3 Päckchen*
*Vanillinzucker, Ei zum Bestreichen.*

Mit lauwarmer Milch ein Hefestück ansetzen. Nach dem Gehen das Mehl und die anderen Zutaten hineinarbeiten und den Teig gut schlagen. In vier bis fünf gleichmäßige Stücke teilen, jedes zu einem länglichen Laib formen, der in der Mitte der Länge nach eingeschnitten wird. Auf gefetteten Blechen 20 Minuten gehen lassen, dann außerhalb des Schnittes mit Ei streichen.
Bei 200–220 °C ca. 30 Minuten bakken.

# Spezialitäten aus Schwaben

## Vanillebrötle
150–200 Stück

*4 Eier, 300 g Puderzucker,*
*2 Päckchen Vanillinzucker,*
*abgeriebene Schale von 1 Zitrone,*
*300 g Mehl, 1 Prise Salz.*

Eiweiß steif schlagen. Eigelb mit Zukker und Zitronenschale gut rühren, mit dem Schnee mischen und dann nach und nach das gesiebte Mehl mit der Prise Salz darunterheben. Die Masse in einen Spritzbeutel mit Lochtülle füllen, auf gut gefettete Bleche kleine Punkte spritzen. Trocknen lassen, bis sich die Plätzchen schieben lassen.
Bei 160–180 °C 15 Minuten backen.

## Himbeerbrötle
ca. 70 Stück Foto Seite 34/35

*500 g Zucker, 6 Eier,*
*4 Eßlöffel Himbeerkonfitüre,*
*Saft und abgeriebene Schale von*
*1 Zitrone, 500 g Mehl.*

Zucker und Eier schaumig rühren, Himbeerkonfitüre und die Zitronengewürze, dann löffelweise das Mehl beigeben. Den Teig mit Kaffeelöffeln auf gefettete Bleche setzen und 30 Minuten übertrocknen lassen.
Bei 180–200 °C ca. 20 Minuten backen.

## Pomeranzenbrötle
ca. 40 Stück

*250 g Zucker, 4 Eier, 60 g Mandeln,*
*geschält und gehackt,*
*abgeriebene Schale von 1 Zitrone,*
*60 g Pomeranzenschale, gewürfelt,*
*300 g Mehl.*

Zucker und Eier schaumig rühren, Mandeln, Gewürze und Mehl nach und nach dazurühren. Die Masse mit Kaffeelöffeln auf gefettete Bleche häufeln und 30 Minuten übertrocknen lassen.
Bei 160–180 °C 20 Minuten backen.

## Anisplätzle
150–200 Stück

*4 Eier, 250 g Puderzucker,*
*2 Päckchen Vanillezucker,*
*1 Prise Salz,*
*1–2 Eßlöffel Anis, gemahlen,*
*300 g Mehl.*

Eiweiß steif schlagen. Eigelb mit Zukker rühren, in den Schnee mischen. Gewürze mit Mehl vermengen und unter die Schaummasse ziehen. Die Masse in einen Spritzbeutel mit Lochtülle füllen, auf gut gefettete Bleche kleine Punkte spritzen. Über Nacht trocknen, bis sich die Plätzchen schieben lassen.
Bei 160–180 °C ca. 15–20 Minuten backen. Das Gebäck soll weiß bleiben.

## Spitzbüble
ca. 60 Stück

*250 g Butter, 375 g Mehl, 180 g Zucker, 2 Päckchen Vanillinzucker, Aprikosenkonfitüre.*

Den Teig wie einen Mürbteig zubereiten, zu 5 mm Dicke ausrollen und rund oder gezackt in drei Größen ausstechen.
Bei 130–150 °C ca. 15 Minuten schön blaßgelb backen und auskühlen lassen. Je 3 Größen zusammensetzen, dazwischen heiße Aprikosenkonfitüre streichen. Diese kleinen Terrassen mit *Zitronenglasur* (s. Seite 89) bestreichen oder mit Puderzucker bestreuen.

## Butter-Essle
70–80 Stück Foto Seite 34/35

*500 g Mehl, 200 g Zucker, 7 Eigelb, 250 g Butter.*
Zum Verzieren: *Eigelb, Hagelzucker.*

Mehl zu einem Kranz auf das Backbrett schütten, Zucker hineingeben, darauf die Eier, gut mischen, dann die Butter in Flöckchen daraufgeben und vorsichtig mit dem Mehl zusammenwirken. Teig 20 Minuten ruhen lassen. Zu fingerdicken Rollen formen, die in Stücke von 10 cm Länge geschnitten werden (Pappmaß). Diese Stücke zu »S« formen, mit Ei bestreichen, mit Hagelzucker bestreuen und auf Bleche setzen.
Bei 130–150 °C 15 Minuten backen.

## Zedernbrötle
ca. 45 Stück

*2 Eiweiß,*
*375 g Zucker,*
*375 g Mandeln, ungeschält gemahlen,*
*Saft von 2 Zitronen,*
*abgeriebene Schale von 1 Zitrone.*

Eiweiß zu festem Schnee schlagen, den Zucker, dann die Mandeln und die Zitronengewürze daruntermischen. Den Teig ca. 5 mm dick ausrollen. Halbmonde ausstechen und über Nacht trocknen lassen.
Bei 180–200 °C ca. 20 Minuten backen. Noch warm mit *Zitronenglasur* (s. Seite 89) bestreichen und im lauwarmen Ofen kurz übertrocknen.

## Wibele oder Geduldszeltle
ca. 150 Stück

*5 Eiweiß,*
*125 g Puderzucker,*
*1 Päckchen Vanillinzucker,*
*180 g Mehl.*

Eiweiß mit Zucker steif schlagen, Mehl hineinregnen lassen. Die Masse in Spritzbeutel mit Lochtülle füllen. Nun auf gut gefettete Bleche immer zwei kleine Punkte aneinandersetzen. Über Nacht trocknen lassen.
Bei 130–150 °C 10 Minuten backen.

# Spezialitäten aus Schwaben

## Marzipanmakrönle
ca. 45 Stück

*400 g reines Marzipan*
*(s. Seite 83),*
*400 g Zucker, 2 Eiweiß,*
*½ Teelöffel kristalline Zitronensäure.*

Marzipanmasse und Zucker in einer Schüssel so lange durchkneten, bis keine Klümpchen mehr spürbar sind. Dann Eiweiß gleichmäßig einarbeiten, so daß eine geschmeidige Masse entsteht. Die Masse 30 Minuten zugedeckt ruhen lassen.
Mit zwei Teelöffeln kleine Portionen auf runde Oblaten – 60 mm Durchmesser – setzen. Mit einem nassen, in Milch getunkten Messer die Oberfläche etwas glätten. »Auf Luke« auf ein sauberes Backblech setzen.
Bei 160 °C ca. 12–15 Minuten backen. Sie sollen nur leicht Farbe nehmen.

## Ausstecherle
200–250 Stück Foto Seite 34/35

Mürbteig: *1 000 g Mehl,*
*450 g Zucker,*
*3 Eier,*
*abgeriebene Schale von 3 Zitronen,*
*1 Päckchen Vanillinzucker,*
*550 g Butter.*

Mürbteig soll möglichst rasch und kalt zubereitet werden.
Das Mehl in Kranzform auf das Backbrett bringen, in der Mitte den Zucker und die Eier vermischen, das Gewürz und zuletzt die geschnittene Butter dazugeben. Von außen her das Mehl darunterwirken.
Den Teig 30 Minuten am kühlen Ort ruhen lassen, 5 mm dick ausrollen, alle möglichen Formen ausstechen, auf saubere Bleche setzen, mit Ei bestreichen und verschieden schmücken: halbe Mandeln, zwei Rosinen, kleine Stükke Zitronat, kleine Scheibchen Orangeat darauflegen.
Bei 130–150 °C hellbraun backen.

## Albertle
90–100 Stück

*100 g Butter, 4 Eier, 200 g Zucker,*
*1 Päckchen Vanillinzucker, 300 g Mehl,*
*200 g Speisestärke, 2 Eßlöffel Sahne,*
*1 Päckchen Backpulver.*

Butter schaumig rühren, wechselweise Eier, Zucker und hernach die anderen Zutaten beigeben. Teig 1 Stunde kühl ruhen lassen, dünn ausrollen, mit dem Reibeisen ein Muster aufdrücken, runde Plätzchen ausstechen.
Bei 180 °C hellgelb backen.

## Stuttgarter Hutzelbrot

6 Laibe

»Gut ist dem Hutzelmann sein Brot!« Dieses köstliche Brot aus getrockneten Hutzeln (Birnenschnitzen) hat Eduard Mörike angeregt, die Geschichte vom »Stuttgarter Hutzelmännlein« zu schreiben.

*500 g gedörrte Birnenschnitze, 500 g getrocknete Pflaumen, 40 g Hefe, 1 000 g Mehl, 250 g Zucker, 500 g Feigen, 125 g Orangeat, 125 g Zitronat, alles gewürfelt, 250 g Haselnüsse oder Walnüsse, gemahlen, 250 g Mandeln, ungeschält und gemahlen, 250 g Sultaninen, 250 g Rosinen, 30 g Zimt, 1 Eßlöffel Anis, 1 Prise Salz.*

Birnen und Pflaumen über Nacht einweichen. Die Pflaumen entkernen und würfeln, die Birnen im Einweichwasser aufkochen, ebenfalls würfeln und zu den Pflaumen schütten. Zugedeckt über Nacht auskühlen lassen.
Am Morgen die Früchte auf ein Sieb schütten. Mit der Brühe, die etwas angewärmt wird, und mit der Hefe, etwas Mehl und Zucker ein Hefestück ansetzen. Sobald es gegangen ist, das Mehl und dann nach und nach sämtliche anderen Zutaten darunterarbeiten. Den Teig gut zusammenschlagen, mit Mehl bestäuben und zugedeckt an einem warmen Ort gehen lassen. Sobald das Mehl Risse bekommt, wird der Teig auf dem Brett zusammengewirkt. Stücke von 500 g abwiegen und zu Laiben formen. Über Nacht stehen lassen.
Bei 220–240 °C 40–50 Minuten backen.
Damit aber noch nicht genug: Noch warm werden sie mit etwas Schnitzbrühe, die dafür aufgehoben wird, bestrichen. Nach einigen Tagen kann das Hutzelbrot bereits gegessen werden, und ein Schwarzwälder Kirschwasser schmeckt köstlich dazu. Man kann es sehr lange aufheben.

## Zimtbrot

160–200 Stück

*500 g Zucker, 7 Eier, 700 g Mandeln, ungeschält, gehobelt und leicht auf einem Backblech bei kleiner Hitze geröstet, abgeriebene Schale von 2 Zitronen, 60 g Zitronat, fein gewürfelt, 20 g Zimt, 1 Messerspitze Nelkenpulver, 800 g Mehl, 1 Backpulver.*

Zucker mit Eiern schaumig rühren, Mandeln und die weiteren Zutaten beifügen. Den Teig auf dem Brett gut wirken. Daraus zwei bis vier lange Rollen formen und auf gefettete Bleche legen. Bei 180–200 °C schön hellbraun backen. Etwas auskühlen lassen, dann mit scharfem Messer Scheiben von 1 cm Dicke schneiden, diese auf das Blech legen und bei 200 °C auf beiden Seiten in ca. 15 Minuten goldbraun rösten wie Zwieback oder Toast.

* Zimtbrotscheiben schmecken gebuttert oder mit Konfitüre, vor allem Quittengelee und Pflaumenmus, zu heißem Tee, Grog, Glühwein und Punsch.

# Süße Herrlichkeiten aus Schlesien

## Süße Herrlichkeiten aus Schlesien

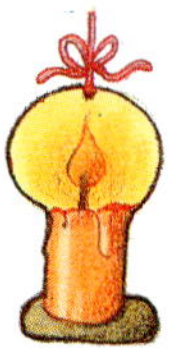

### Liegnitzer Bombe

50–60 Stück Foto Seite 44/45

*1 kg Honigkuchenteig (s. Seite 28).*
Füllung: *250 g Johannis- und Himbeerkonfitüre, 200 g gehackte, geschälte Mandeln, 200 g Haselnüsse, geröstet und gemahlen, 200 g Korinthen, 250 g Rosinen, Rum.*

Für die Füllung alle Zutaten zusammenmischen und, mit Rum übergossen, 1 Nacht zugedeckt stehen lassen. Die Füllung muß streichfähig sein, wenn nötig also mit Konfitüre nachhelfen.
Teig fein zum Rechteck ausrollen, die Füllung dünn darauf verteilen, eng zusammenrollen. Stücke von 2 cm Dicke schneiden, in gefettete Eisenringe von 6–10 cm Durchmesser legen (der Teig soll die Hälfte der Ringhöhe nicht überragen).
Bei 180–200 °C ca. 20 Minuten backen. Kalt mit *Kuvertüre* oder warm mit *Schokoladenguß* (s. Seite 89) überziehen.

### Breslauer Leckerbissen

60–70 Stück Foto Seite 44/45

*1 kg Honigkuchenteig (s. Seite 28),*
*1 Glas Himbeerkonfitüre,*
*1 Rezept Marzipan (s. Seite 83).*

Von dem Honigkuchenteig zwei Platten in der Dicke von 3 mm über das ganze Backblech ausrollen. Mit der Gabel einstechen, damit der Teig keine Blasen schlägt.
Bei 180–200 °C ca. 20 Minuten backen.
Sobald die erste Platte erkaltet ist, Himbeerkonfitüre dünn darauf verteilen und die zweite Platte darauflegen. Die obere Fläche gleichfalls mit Himbeerkonfitüre bestreichen und eine dünne Decke von 2 mm Marzipan darüberlegen, sacht festdrücken. Nun das Ganze in Würfel von 2 cm im Quadrat schneiden. Die Würfel werden mit *Kuvertüre* (s. Seite 89) überzogen und zum Trocknen aufs Gitter gesetzt.

### Spitzkuchen

ca. 150 Stück Foto Seite 44/45

*625 g Honig, ⅛ l Wasser, 75 g Butter,*
*375 g Mehl, 375 g Roggenmehl,*
*20 g Natron, 3 g Hirschhornsalz,*
*12 g Lebkuchengewürz,*
*250 g Korinthen, 250 g Rosinen,*
*150 g Zitronat und 200 g Orangeat,*
*beides fein gewürfelt.*

Honig mit Wasser und Butter aufkochen, kalt stellen. Mehl mit Triebmittel, Gewürz und allen anderen Zutaten daruntermischen. Den Teig zu Stangen von 2–3 cm Breite formen, in der Länge des Backbleches zuschneiden und auf gefettete Bleche legen.
Bei 160–180 °C ca. 15 Minuten backen. Kalt werden die Stangen zu Keilen geschnitten, die entweder mit *Kuvertüre* oder mit *Zuckerguß* (s. Seite 89) überzogen werden.

* Ende Oktober backen. Sie brauchen, luftdicht verschlossen und kühl gelagert, Zeit, um weich zu werden.

## Süße Herrlichkeiten aus Schlesien

### Gewürztaler
100–130 Stück

*250 g Honig, 400 g Zucker, 300 g Butter, 100 g Mandeln, geschält und gemahlen, 50 g Zitronat, fein geschnitten, ⅛ l Milch, 900 g Mehl, 6 g Hirschhornsalz, 1 Prise Pottasche, 30 g Lebkuchengewürz, 100 g Zitronat zum Belegen, in Keile geschnitten.*

Zunächst Triebmittel in Milch auflösen, dann mit den anderen Zutaten zu einem Teig zusammenwirken. Den Teig 5 mm dick ausrollen, rund ausstechen. Bei 130–150 °C ca. 10 Minuten bakken. Mit *Schokoladenguß* (s. Seite 89) beziehen und mit einem Stückchen Zitronat belegen.

### Schlesische Pfeffernüsse
ca. 200 Stück Foto Seite 44/45

*500 g Honig (oder Rübensaft), 325 g Zucker, 1300 g Mehl, 2 Eier, 75 g Butter, 20 g Lebkuchengewürz, abgeriebene Schale von 3 Zitronen, 5 g Hirschhornsalz, 5 g Pottasche, 1 Likörglas Rum.*
Guß: *500 g Zucker, ⅛ l Wasser.*

Honig und Zucker auf kleiner Flamme erwärmen, kalt stellen. Die anderen Zutaten hineinmischen, das Triebmittel, aufgelöst in 2 cl Rum, zum Schluß darunterwirken. Den Teig zu Rollen von 2 cm Durchmesser formen, Stücke von 1 cm Dicke schneiden, auf gefettete Bleche setzen.
Bei 160–180 °C 15 Minuten backen. Zucker und Wasser bis zum feinen Faden kochen. Die Pfeffernüsse in eine Schüssel geben, mit einem großen Holzlöffel rühren, während der Zucker langsam darübergegossen wird. Wenn alles gut verteilt ist, die Pfeffernüsse auf ein großes Blech ausschütten, so daß sie nicht zusammenkleben können. Sobald sie trocken sind, luftdicht aufbewahren.

### Mürbe Plätzchen
ca. 100 Stück

*500 g Mehl,*
*250 g Butter,*
*150 g Zucker,*
*1 Päckchen Vanillinzucker,*
*1 Prise Salz,*
*1 Ei zum Bestreichen.*

Alle Zutaten in eine große Schüssel geben – die Butter sollte küchenwarm sein – und zu einem glatten Teig verkneten. Wer mag, kann noch 1 Messerspitze kristalline Zitronensäure zufügen, das mildert die Süße. Den Teig zu einem Ziegel formen, in Alufolie einpacken und 30 Minuten im Kühlschrank ruhen lassen. Anschließend den Ziegel in vier gleiche Stücke teilen. Jedes Teil auf bemehlter Arbeitsfläche zu 3 mm dicken Platten ausrollen und Formen ausstechen: Herzen, Sterne, Kreise, Halbmonde u. ä. Alle Plätzchen mit verquirltem Ei bestreichen.
Bei 160 °C ca. 10–12 Minuten hell backen.
Die fertigen Plätzchen nach Belieben mit Puderzucker besieben.

# Mit Nuß- und Mandelkern

# Mit Nuß- und Mandelkern

Diese Gebäcke sind zwar teuer, aber so rasch bereitet und wohlschmeckend, daß sie in unserem Weihnachtsprogramm eine besondere Stellung einnehmen werden. Die meisten dieser feinen Massen streichen wir auf Oblaten, was den großen Vorteil hat, daß sie sich mühelos backen lassen und nicht hart werden. Außerdem brauchen wir die Bleche nicht zu fetten. Das Oblatengebäck hält sich sehr lange frisch und saftig.

## Makronen

ca. 30 Stück Foto Seite 48/49

*2 Eiweiß, 150 g Zucker,*
*150 g Mandeln, geschält und gemahlen, abgeriebene Schale von 1 Zitrone, 1 Päckchen Vanillinzucker, 1 Prise Salz, nach Geschmack 30 g Kakao oder geriebene Schokolade.*

Eiweiß zu festem Schnee schlagen, Zucker und dann Mandeln und Gewürze darunterziehen. Diese Masse mit einem Kaffeelöffel auf kleine, runde Oblaten verteilen (es kann aber auch ein Spritzbeutel mit mittlerer Lochtülle benutzt werden). Sollte die Masse zu weich sein, so daß sie läuft, dann noch einige gemahlene Mandeln daruntermischen. 1 Stunde trocknen lassen.
Bei 160–180 °C 15 Minuten backen.
An Stelle von Mandeln können Haselnüsse oder Walnüsse verwendet werden. Jeder dieser Massen werden nach Belieben 30 g Kakao oder geriebene Schokolade beigefügt.

## Wespennester

40–45 Stück Foto Seite 48/49

*250 g Mandeln, 4 Eiweiß, 250 g feiner Zucker, 100 g bittere Schokolade, 1 Prise Zimt, 1 Prise Vanille.*

Die Mandeln werden fein geschnitzelt, mit etwas Zucker geröstet und ausgekühlt. Eiweiß zu steifem Schnee schlagen, Zucker, geriebene Schokolade, Gewürze und Mandeln beigeben. Mit einem Teelöffel Häufchen auf ein gewachstes Blech setzen. Bei 160 bis 180 °C ca. 15 Minuten backen. Das Gebäck muß innen weich bleiben.

## Sächsisches Mandelbrot

120–140 Schnitten

*6 Eier, 500 g Zucker,*
*1 Teelöffel Nelkenpulver, 20 g Zimt, 500 g ganze, ungeschälte Mandeln, ca. 650 g Mehl, ⅓ Teelöffel Backpulver, 1 Prise Salz, 1 Eigelb zum Bestreichen.*

Eier mit Zucker und Gewürz schaumig rühren, dann die Mandeln und so viel Mehl (mit Backpulver und Salz) darunterziehen, daß ein fester Teig entsteht. Zwei Stollen formen.
Bei 160–180 °C ca. 1¼ Stunden backen. 15 Minuten auskühlen lassen und dann mit einem langen Sägemesser in feine Scheiben schneiden.

* Dieselbe Masse kann man fingerdick ausrollen, in Stängelchen schneiden, mit Eigelb bestreichen und bei 180– 200 °C ca. 15 Minuten backen.

## Mandelstangen

ca. 40 Stück

*250 g Mehl, 200 g Butter, 150 g Zucker, 1 Eigelb, 125 g Mandeln, geschält und gemahlen, 1 Päckchen Vanillinzucker, abgeriebene Schale von 1 Zitrone, Mandeln zum Bestreuen.*

Den Teig wie Mürbteig (s. Seite 42) zubereiten und 30 Minuten ruhen lassen. Rollen in Fingerdicke auslängen, Stükke von 5 cm schneiden (Pappmaß), mit Ei bestreichen und mit gehackten Mandeln bestreuen. Auf saubere, gefettete Bleche legen.
Bei 160–180 °C ca. 20 Minuten bakken.

## Mandelbögen

ca. 20 Stück

*3 Eiweiß, 200 g Mandeln, geschält und gemahlen, 150 g Zucker, 50 g Mehl, abgeriebene Schale von 1 Zitrone, 1 Prise Zimt, 1 Päckchen Vanillinzucker, viereckige Oblaten.*

Eiweiß zu festem Schnee schlagen, alle Zutaten nach und nach darunter mischen, zum Schluß das Mehl. Die Masse auf Oblaten verteilen, je Stück ca. 50 g. Jedes Stück längs durchschneiden und 2 Stunden trocknen lassen.
Bei 160–180 °C ca. 20 Minuten bakken. Diese Streifen noch warm über saubere, leere Flaschen legen, damit sie sich biegen.

## Pulsnitzer Schnecken

8 Stück

Pulsnitz ist ein kleiner Ort nahe Dresden und berühmt für seine Weihnachtsbäckereien, insbesondere – und das schon seit Mitte des 17. Jahrhunderts – für seine Pfefferkuchen.

*1 Packung Tiefkühlblätterteig, aufgetaut, Mehl zum Ausrollen, 1 Ei zum Bestreichen, 4 Eßlöffel Zucker.*
Füllung: *100 g Marzipanrohmasse, 50 g Puderzucker, 1 Ei, 80 g gemahlener Mohn.*

Für die Füllung die Marzipanrohmasse mit dem Puderzucker mischen. Das Ei daruntermengen und mit dem Mohn zu einer streichfähigen Paste verkneten.
Die 5 Teigblätter aufeinanderlegen, auf Mehl zu einem 10 × 20 cm großen Rechteck ausrollen, auf beiden Seiten mit einem Pinsel abmehlen. Die Füllung gleichmäßig darauf verteilen und längs zusammenrollen. Mit Ei bestreichen und mit einem feuchten Messer 8 Scheiben abschneiden. Den Zucker auf die Arbeitsfläche streuen, jede Schnecke darin etwas flach drücken. Auf das vorbereitete Blech legen und 15 Minuten ruhen lassen.
Bei 220 °C 20 Minuten backen.
Für den süßen Teller können auch kleinere Schnecken geformt und gebacken werden. Dafür den Teig einfach zu 2 Platten von 10 × 20 cm ausrollen und jeweils 10–12 kleine Scheiben abschneiden. Nur 10 Minuten backen.

## Mit Nuß- und Mandelkern

### Mandelstifte
50–60 Stück

*250 g Butter, 250 g Zucker, 2 Eier, 250 g Mandeln, geschält und gemahlen, abgeriebene Schale von 1 Zitrone, 1 Päckchen Vanillinzucker, 250 g Mehl, Ei, Mandeln und Zucker für den Überzug.*

Butter mit Zucker schaumig rühren, Eier, Mandeln und Gewürze dazugeben, schließlich das Mehl. Den Teig 30 Minuten kühl ruhen lassen, dann Rollen in Bleistiftdicke formen, diese in 5 cm lange Stücke schneiden, in Ei wälzen und hernach in gemahlenen Mandeln, die mit Zucker gemischt wurden. Auf gefettete Bleche legen.
Bei 160–180 °C 15 Minuten backen.

### Belgrader Brot
ca. 60 Stück

*4 Eiweiß, 250 g feiner Zucker, 1 Teelöffel Zimt, abgeriebene Schale einer halben Zitrone, 250 g Mandeln, je 50 g Zitronat und Orangeat, 150 g Mehl.*

Eiweiß zu steifem Schnee schlagen, ¼ Stunde lang mit Zucker und Gewürzen rühren. Die länglich geschnittenen Mandeln, das würfelig geschnittene Zitronat und Orangeat und das Mehl darunterziehen. Kleine, längliche Laibchen auf das gewachste Blech setzen, 2 Stunden trocknen lassen.
Bei 160–180 °C 15–20 Minuten backen.

### Walnußtaler
100–120 Stück Foto Seite 48/49

*1 Rezept Mürbteig (s. Seite 42). Konfitüre nach Geschmack, Zuckerguß (s. Seite 89).*

Aus Mürbteig behutsam kleine, gezackte, runde Plätzchen in der Größe eines Zweimarkstückes ausstechen.
Bei 160–180 °C 10 Minuten backen und erkaltet je zwei mit Konfitüre zusammensetzen, mit Zuckerguß bestreichen und, solange dieser noch feucht ist, je eine halbe Walnuß daraufsetzen.

### Frankfurter Brenten
30–35 Stück

*250 g geschälte, feingemahlene Mandeln, ½ Tasse Rosenwasser, 250 g Puderzucker, 1 Eiweiß, 30 g Mehl.*

Die Mandeln mit Rosenwasser und Puderzucker fein verreiben und auf kleiner Flamme erwärmen, bis sich die Masse trocken anfühlt. Über Nacht kühl stellen und dann Eiweiß und Mehl hineinarbeiten. Teig auf Zucker 5 mm dick auswellen und in gut bemehlte Holzformen drücken. Die zurechtgeschnittenen Brenten auf Bleche geben, die mit Pergamentpapier belegt sind, und etwa 2 Stunden trocknen.
Bei 140–160 °C ca. 15 Minuten leicht überbacken. Die Brenten müssen weiß bleiben.
Wie Mörike die Brenten bäckt, lesen Sie am besten selbst:

## FRANKFURTER BRENTE

Mandeln erstlich, rat' ich dir,
Nimm drei Pfunde, besser vier
(Im Verhältnis nach Belieben)!
Diese werden nun gestoßen
Und mit ordinärem Rosen-
Wasser feinstens abgerieben.
Je auf's Pfund Mandeln akkurat
Drei Vierling Zucker ohne Gnad'!
Denselben in den Mörsel bring,
Hierauf ihn durch ein Haarsieb schwing!
Von deinen irdenen Gefäßen
Sollst du mir dann ein Ding erlesen,
Was man sonst eine Kachel nennt,
Doch sei sie neu zu diesem End'!
Drein füllen wir den ganzen Plunder
Und legen frische Kohlen unter.
Jetzt rühr und rühr ohn' Unterlaß,
Bis sich verdicken will die Mass',
Und rührst du eine Stunde voll!
Am eingetauchten Finger soll
Das Kleinste nicht mehr hängen bleiben;
So lange müssen wir es treiben.
Nun aber bringe das Gebrodel
In eine Schüssel (der Poet,
Weil ihm der Reim vor allem geht,
Will schlechterdings hier einen Model,
Indes der Koch auf ersterer besteht)!
Darinne drück's zusammen gut,
Und hat es über Nacht geruht,
Sollst du's durchkneten Stück für Stück,
Auswellen messerrückendick.
(Je weniger Mehl du streuest ein,
Um desto besser wird es sein.)
Alsdann in Formen sei's geprägt,
Wie man bei Weingebacknem pflegt;
Zuletzt – das wird der Sache frommen –
Den Bäcker scharf in Pflicht genommen,
Daß sie schön gelb vom Ofen kommen!

### NACHSCHRIFT

In Schwaben hab ich mit dem Rezept
Noch überall viel Ehr' erlebt:
Die guten Frauen lesen's gern,
Und ihre Männer äßen's gern.

EDUARD MÖRIKE

# Der bunte Teller

# Der bunte Teller

In Bayern ist es der »bunte Teller«, in der Nürnberger Gegend ist es der »Pack«, der auf keinem Gabentisch fehlen darf. Noch zu Großmutters Zeiten war er das Glanzstück der Weihnachtsbescherung, ergänzt durch etwas warmes Handgestricktes und ein kleines Büchlein belehrenden Inhalts.
Inzwischen hat das Christfest viel von seiner bescheidenen Weihe verloren. Aber auch heute noch übt der Duft von brennenden Kerzen, Harz und würzigem Gebäck seinen wundersamen Zauber auf das weihnachtlich erregte Gemüt unserer Kinder aus.
Die nachfolgenden Rezepte mögen dazu beitragen, unseren »bunten Teller« möglichst verlockend zu gestalten. Er darf üppig gefüllt sein, ja überlaufen von köstlichem Gebäck, blankpolierten Äpfeln, Nüssen, Mandeln, Feigen, gekrönt von einem Lebkuchenherz mit aufgespritztem Namen.

## Spritzringe
ca. 90 Stück

*250 g Butter, 250 g Zucker, 1 Ei,*
*125 g geschälte, geriebene Mandeln,*
*1 Päckchen Vanillinzucker,*
*375 g Mehl.*

Butter, Zucker und Ei ½ Stunde rühren. Mandeln, Vanillinzucker und zuletzt das gesiebte Mehl darunterziehen und mit dem Spritzsack (Sterntülle) Ringe auf ein bemehltes Blech spritzen. Über Nacht kühl stehen lassen.
Am nächsten Tag bei 160–180 °C ca. 15 Minuten hellgelb backen.

## Schwarz-Weiß-Gebäck
200–250 Stück Foto Seite 54/55

*1 Rezept Mürbteig (s. Seite 42),*
*25–30 g Kakao.*

Pfauenaugen: Unter die Hälfte des Mürbteigs den Kakao wirken, bis der Teig glatt und gleichmäßig dunkel ist. Den dunklen Teig zu Rollen in der Dicke eines Zweimarkstückes formen und kalt stellen. In der gleichen Länge vom weißen Teig eine Platte von 5 mm Dicke ausrollen und in gleich viele Streifen schneiden, als wir dunkle Rollen haben. Mit Wasser bestreichen, die dunkle Rolle hineinwickeln, Enden gut passend beschneiden und kalt stellen. Dann Scheiben von 5 mm Dicke schneiden, auf Bleche setzen.
Bei 180–200 °C ca. 15 Minuten backen.

Schachbrett: Unter ⅓ des Mürbteigs den Kakao wirken. Die Hälfte des hellen Teiges zu einer Platte von ca. 4 mm Dicke ausrollen. Aus dem restlichen weißen Teig und aus dem dunklen Teig zwei Platten von 1 cm Dicke auswellen. Diese werden in Streifen von 1 cm Breite geschnitten. Nun wird die dünne, helle Platte leicht mit Wasser bestrichen und abwechselnd werden ein weißer und ein dunkler Streifen in 3–4 Lagen versetzt daraufgelegt. Die Platte einschlagen, die Enden schön beschneiden und diese kantige Pastete kalt stellen. Wenn sie fest ist, wird sie in Scheiben von 5 mm Dicke geschnitten und auf Bleche gesetzt.
Bei 200–220 °C 10 Minuten backen.

## Potsdamer Kadettchen

8 Stück

*1 Packung Tiefkühlblätterteig, aufgetaut, 1 Ei zum Bestreichen.*
Füllung: *50 g Marzipanrohmasse, 1 Eigelb, 3 Eßlöffel Sahne, je 50 g Trockenpflaumen, Datteln und Feigen, klein gewürfelt.*

Für die Füllung Marzipan mit Eigelb und Sahne weich rühren. Die Früchtewürfel dazumischen. 4 Teigplatten quer durchradeln und mit Ei bestreichen. In die Mitte je 2 Eßlöffel Füllung geben, die Teigecken darüberdecken, andrücken und mit Ei bestreichen. Aus der 5. Teigplatte 8 Plätzchen von 3 cm Durchmesser ausstechen, aufsetzen, leicht andrücken und mit Ei bestreichen. Auf das Backblech legen, 15 Minuten ruhen lassen.
Bei 220 °C 20 Minuten backen.

## Husarenkräpfle

70–75 Stück Foto Seite 54/55

*500 g Butter, 400 g Zucker, 4 Eier, 500 g gemahlene Haselnüsse, 500 g Mehl, abgeriebene Schale und Saft von 1 Zitrone, 1 Teelöffel Zimt, 1 Prise Salz, Eigelb zum Bestreichen.*

Butter und Zucker schaumig rühren. Eier, Nüsse, Mehl und Gewürze nach und nach beigeben, Masse rasch zusammenkneten. Kleine Kugeln formen, in der Mitte leicht eindrücken, mit Eigelb bestreichen, mit Zucker und gewiegten Mandeln bestreuen.
Bei 200–220 °C ca. 25 Minuten backen. Die Vertiefung mit etwas roter Konfitüre ausfüllen.

## Schokoladenbrezeln

ca. 90 Stück Foto Seite 54/55

*Mürbteig* (s. Seite 42) in Teilen bleistiftdick ausrollen. Stücke von 12 cm Länge schneiden (Pappmaß), Brezeln formen, auf Bleche setzen.
Bei 180–200 °C ca. 15 Minuten backen. Danach in *Schokoladenguß* (s. Seite 89) tauchen und auf ein Gitter legen, bis der Guß fest ist.

## Honigherzen mit Mandeln

ca. 50 Stück

*125 g flüssiger Honig,*
*100 g Zucker,*
*1 Ei, 350 g Mehl,*
*½ Päckchen Backpulver,*
*2 cl Weinbrand,*
*1 Prise kristalline Zitronensäure,*
*½ Paket Lebkuchengewürz,*
*1 Ei zum Bestreichen,*
*halbierte Mandeln zum Belegen.*

Alle Zutaten zu einem Teig verkneten, zu einer Kugel formen und zugedeckt im Kühlschrank 30 Minuten ruhen lassen. Den Teig 3 mm dünn ausrollen, anhaftendes Mehl abpinseln. Herzen ausstechen, mit verquirltem Ei bestreichen. Auf ein mit Backpapier ausgelegtes Backblech »auf Luke« setzen.
Bei 180 °C ca. 15 Minuten hell backen.

## Pfaffenkäppchen

ca. 50 Stück Foto Seite 54/55

*125 g Butter, 125 g Zucker, 250 g Mehl, 1 Ei, abgeriebene Schale von 1 Zitrone, 1 Prise Salz, Konfitüre, Eigelb zum Bestreichen.*

Butter und Zucker schaumig rühren, Mehl, Ei, Zitrone und Salz langsam beigeben und den Teig ½ Stunde kühl ruhen lassen. Ausrollen, Plätzchen von 8 cm Durchmesser ausstechen, etwas Konfitüre in die Mitte geben, von drei Seiten den Teig darüberschlagen und leicht andrücken. Über Nacht ruhen lassen. Mit Eigelb bestreichen.
Bei 180–200 °C 20 Minuten backen.

## Magdeburger Schweinsöhrchen

ca. 100 Stück

*1 Packung Tiefkühlblätterteig, aufgetaut, 50 g Zucker.*

Die Teigplatten einzeln auf Zucker zu einem Rechteck von 20 × 15 cm ausrollen. Jeweils von beiden schmalen Seiten aus bis knapp vor die Mitte übereinanderschlagen und mit einem Messer 1 cm breite Scheiben abschneiden, auf Zucker beidseitig gleichmäßig 5 mm dünn ausrollen. Mit größerem Abstand auf das vorbereitete Backblech legen. 15 Minuten ruhen lassen. Bei 210 °C beide Seiten jeweils 10 Minuten backen.

## Orangenzungen

ca. 160 Stück Foto Seite 54/55

*4 Eier, 2 Eigelb,*
*300 g Zucker, 200 g Mehl,*
*75 g Orangeat, fein gewürfelt,*
*abgeriebene Schale von 1 Zitrone,*
*1 Päckchen Vanillinzucker.*

Eier, Eigelb und Zucker schlagen, Mehl und Gewürze daruntermischen. Diese Masse in einen Spritzbeutel mit kleiner Lochtülle füllen. Zungen von 3 cm Länge auf gefettete und bemehlte Bleche spritzen (Punkt – ausziehen – noch ein Punkt!). 3 Stunden trocknen lassen.
Bei 130–150 °C ca. 15 Minuten backen.

## Erfurter Jubelchen

ca. 100 Stück

*200 g Butter, 150 g Zucker,*
*2 Eigelb, 300 g gesiebtes Mehl,*
*1/2 Päckchen Backpulver, 1 Prise Salz,*
*2 Teelöffel Spekulatiusgewürz,*
*50 g kandierter Ingwer, klein gehackt.*

Die Zutaten wie Mürbteig zusammenwirken und 3 Rollen formen. Über Nacht im Kühlschrank ruhen lassen. Jede Rolle 3 mm dünn ausrollen, abmehlen, Sternchen oder Herzchen ausstechen und auf ein mit Backpapier ausgelegtes Backblech setzen.
Bei 200 °C 10–15 Minuten goldgelb backen.

## Makronenbrötchen
ca. 50 Stück

Teig: *2 Eigelb, 60 g Zucker, 125 g Butter, 250 g Mehl, 1 Prise Salz.*
Makronenmasse: *2 Eiweiß, 170 g Zucker, 170 g geriebene Mandeln, 1 Prise Zimt und etwas abgeriebene Zitronenschale.*

Die ersten Zutaten zu einem Mürbteig verarbeiten und 1 Stunde ruhen lassen. Teig dünn ausrollen und mit einem runden, gezackten Förmchen Plätzchen ausstechen.
Eiweiß zu festem Schnee schlagen, nach und nach den Zucker einrieseln lassen und weiterschlagen. Dann die Mandeln, mit Zimt und Zitrone vermischt, unterziehen. Häufchen auf die ausgestochenen Plätzchen setzen.
Bei 160–180 °C ca. 25 Minuten sorgfältig backen.

## Haferflockenmakronen
80–90 Stück

*250 g Zucker, 3 Eier, 50 g Butter, ½ Tasse Milch, 1 Päckchen Backpulver, Saft von 1 Orange und 1 Zitrone, 50 g Zitronat fein gewürfelt, 350 g Haferflocken, runde Oblaten.*

Zucker und Eier schaumig rühren, Butter und die übrigen Zutaten beigeben, nach und nach dann die Haferflocken. Die Masse mit einem Kaffeelöffel auf kleine, runde Oblaten verteilen.
Bei 160–180 °C ca. 20 Minuten backen.

## Kokosmakronen
50–60 Stück

*4 Eiweiß, 200 g Kokosraspeln, 160 g Zucker, 6 Eßlöffel Mehl, abgeriebene Schale von 1 Zitrone, 1 Päckchen Vanillinzucker, runde Oblaten.*

Alle Zutaten zusammen in einer Kasserolle vermischen, bei ständigem Rühren auf kleiner Flamme erwärmen, bis sich die Masse vom Topf löst. Mit einem Kaffeelöffel auf kleine, runde Oblaten setzen, 1 Stunde trocknen lassen. Bei ca. 150 °C ca. 20 Minuten backen.

## Nürnberger Eierzucker/ Eiermarzipan Foto Seite 54/55

Eiermarzipan ist der fränkische Verwandte der schwäbischen Springerle. Da dies Gebäck in der Zusammensetzung mit dem echten Marzipan nicht das Geringste zu tun hat, wird vielfach angenommen, daß der Name mit den Matzen, dem ungesäuerten jüdischen Flachbrot, zusammenhängt. Näherliegend ist die Annahme, daß die Bezeichnung von dem ähnlichen Aussehen herrührt. Der Eierzucker ist nämlich von heller Farbe, wie Marzipan, wird wie dieses in Modeln geprägt und dann allerdings noch bunt bemalt. Ein ähnlicher Effekt wird beim Marzipan durch den Belag mit bunten, kandierten Früchten hervorgebracht. Eierzukker ist viel billiger als Marzipan.
Die beliebtesten Formen des Eierzuk-

kers sind die Nürnberger Reiter und Doggen (Puppen), die zu Weihnachten nach altem Brauch die Paten an ihre Patenkinder verschenken. Sie werden schon im Spätherbst gebacken und von den Kindern bunt bemalt, ein sehr beliebtes Geschäft, bei dem natürlich für reichlichen Abfall gesorgt werden muß.

*500 g Mehl, 50 g Speisestärke,*
*5 Eier, 550 g Zucker,*
*1 Messerspitze Hirschhornsalz,*
*1 Schnapsgläschen Arrak,*
*Saft und abgeriebene Schale von*
*1 Zitrone.*

Mehl und Speisestärke zusammensieben. Sämtliche Zutaten über Nacht in die warme Küche stellen. Anderntags 2 Eier und 3 Eigelb mit dem Zucker 1 Stunde rühren. Hirschhornsalz in Arrak auflösen und beigeben, ebenso Zitrone, dann nach und nach die Hälfte des Mehles. Nun den steifen Schnee von 3 Eiweiß sacht darunterziehen und schließlich den Rest des Mehles hinzufügen. Den Teig 3 Stunden ruhen lassen, dann in 5 mm Dicke ausrollen und in die bemehlten Holzmodel drücken. Hübsch beschneiden und 1–2 Tage im warmen Raum trocknen lassen.
Bei 130–150 °C 20 Minuten backen.

WEIHNACHTEN

Markt und Straßen stehn verlassen,
still erleuchtet jedes Haus,
sinnend geh ich durch die Gassen,
alles sieht so festlich aus.

An den Fenstern haben Frauen
buntes Spielzeug fromm geschmückt,
tausend Kindlein stehn und schauen,
sind so wunderstill beglückt.

Und ich wandre aus den Mauern
bis hinaus ins freie Feld,
hehres Glänzen, heilges Schauern!
Wie so weit und still die Welt!

Sterne hoch die Kreise schlingen,
aus des Schnees Einsamkeit
steigts wie wunderbares Singen –
O du gnadenreiche Zeit!

JOSEPH VON EICHENDORFF

# Kostproben aus aller Herren Länder

# Belgien

## Brüsseler Mandelschnitten

100–120 Stück Foto Seite 62/63

*200 g Butter, 250 g brauner Zucker, 2 Eigelb, 500 g Mehl, 125 g länglich geschnittene Mandeln, 1 Messerspitze Pottasche, etwas Milch, 1 Prise Salz, Ei zum Bestreichen und Hagelzucker zum Bestreuen.*

Butter und Zucker tüchtig rühren, die übrigen Zutaten beigeben (Pottasche vorher in Milch auflösen), so daß ein fester Teig entsteht. Diesen zu einer dicken Wurst formen, die man über Nacht kühl ruhen läßt. Am folgenden Tag mit einem scharfen Messer in Scheiben schneiden, mit Eigelb bestreichen und mit Hagelzucker bestreuen.
Bei 160–180 °C 20 Minuten backen.

# England

## Weihnachts-Gewürzkuchen

*250 g Butter, 250 g Zucker, 4 Eier, 250 g Sultaninen, 250 g Korinthen, 120 g Zitronat, fein gewürfelt, 120 g Orangeat, fein gewürfelt, je 1 Prise Zimt, Muskat, Kardamom, 500 g Mehl, 1 Päckchen Backpulver, 1 Tasse Milch.*

Butter und Zucker schaumig rühren, Eier beigeben, dann Früchte und Gewürze, zum Schluß das Mehl, mit Backpulver gesiebt. Nach Bedarf Milch zufügen. Den Teig ca. 5 mm dick auf ein Blech ausrollen.
Bei 160–180 °C 20–25 Minuten backen. Noch warm mit *Orangenguß* (s. Seite 89) bestreichen und in Stücke von 3 × 8 cm schneiden oder in Rauten, Würfel Dreiecke.

# Frankreich

## Christbaumstamm
Bûche de Noël

*500 g Edelkastanien, ½ l Milch, 125 g Blockschokolade, 1 Prise Zucker, 80 g Butter, Sahne.*

Die Kastanien werden mit einem Kreuzschnitt versehen und in den warmen Backofen geschoben, bis sich die harte äußere Schale abziehen läßt.
Die geschälten Kastanien in Milch weich kochen und durch den Wolf drehen. Die Schokolade im Wasserbad auflösen und unter die Kastanien mischen, ebenso Zucker und Butter. Aus diesem Teig einen Stamm mit einigen Knorren formen. Auf einem Brett kalt stellen und vor dem Auftragen mit steifer Schlagsahne garnieren. Messer in heißes Wasser tauchen und schöne Scheiben schneiden.

## Saucisson en chocolat
Schokoladewurst

*250 g bittere Schokolade, 2 Eßlöffel Bienenhonig, 100 g gestiftelte Mandeln.*

Schokolade und Honig im Wasserbad schmelzen. Mandelstifte beigeben und rühren, bis eine dicke Masse entsteht. Eine flache Platte dünn bemehlen, die Masse daraufleeren, zwei Würste daraus formen, die man noch lauwarm in feine Rädchen schneidet.

## Kostproben aus aller Herren Länder

# Griechenland

## Melomakarona

*200 g Mehl, 1 Päckchen Backpulver, 35 g Olivenöl, 2 Eßlöffel Honig, Saft von 1 Orange, 1 Ei, 50 g Mandeln, geschält und gemahlen.*

Das Mehl, mit dem Backpulver gesiebt, mit Öl, Honig und Orangensaft vermengen. Diesen Teig in 3 mm Dicke ausrollen, auf das gefettete Blech legen, mit Ei bestreichen und 20 Minuten ruhen lassen.
Bei 180–200 °C ca. 20 Minuten backen. Noch warm mit *Zuckerguß* (s. Seite 89) bestreichen und sofort die gemahlenen Mandeln darüberstreuen.

# Holland

## Hijlikmaker

*375 g Honig, 1 250 g Mehl, 500 g brauner Zucker, 60 g Zitronat, fein geschnitten, 60 g Pomeranzenschale, gewürfelt, 1 Prise Muskat, 4 g Zimt, 2 g Pottasche.*

Honig aufkochen und wieder auskühlen lassen. Dann das Mehl und die anderen Zutaten hinzugeben, schließlich das Triebmittel. Den Teig über Nacht stehen lassen. Am nächsten Tag 3 mm dick ausrollen und ausstechen.
Bei 180–200 °C ca. 15 Minuten backen, dann verschieden *glasieren*.

## Holländer Spekulatius

ca. 80 Stück

*500 g Mehl, 300 g Zucker, 2 Eier, ½ Tasse Milch, 2 g Hirschhornsalz, 150 g Schweineschmalz, 6 g Spekulatiusgewürz, abgeriebene Schale von 1 Zitrone, gehobelte Mandeln zum Ausstreuen.*

Das Mehl im Kranz auf das Backbrett sieben. Alle anderen Zutaten – das Hirschhornsalz vorher in der Milch auflösen – in die Mitte geben und untereinander vermengen. Von außen her das Mehl darunterwirken. Rasch kneten – wie bei einem Mürbteig. Den Teig über Nacht kühl stellen.
Den Teig in Stücke schneiden, Rollen in der Länge der Model formen und flach in die Model drücken, Ränder glatt abschneiden. Die Teigformen auf einem Tuch herausklopfen. Auf die gefetteten Bleche gehobelte Mandeln streuen und darauf die geformten Teigstücke legen.
Bei 160–180 °C ca. 15 Minuten backen. Die Mandeln dürfen nicht dunkel werden, nötigenfalls mit Unterblech backen.

# Italien

## Mailänder Panettone

*100 g Butter, 2 Eigelb, 1 Ei, 300 g Mehl, 1 Tasse Milch, 1 Prise Salz, 80 g Zucker, 20 g Zitronat, fein gewürfelt, abgeriebene Schale von 1 Zitrone, ½ Päckchen Backpulver, 80 g Sultaninen.*

Butter, Eigelb und das ganze Ei schaumig rühren. Mehl und die übrigen Zutaten nach und nach dazuschütten. Den Teig ca. 30 Minuten kräftig schlagen. Zum Schluß die Sultaninen hineinarbeiten. Den Teig in kleine, runde Formen oder in eine Kastenform füllen. Panettone soll oben in der Mitte schön platzen.
Bei 180–200 °C 30 Minuten backen.

## Mandorletti
30–40 Stück

*4 Eiweiß, 225 g Puderzucker, gesiebt, 225 g Mandeln, geschält und gemahlen, 30 g Haselnüsse, geschält und gemahlen, abgeriebene Schale von 1 Zitrone, kleine, runde Oblaten.*

Das Eiweiß mit dem Zucker steif schlagen, dann sämtliche Zutaten langsam daruntermischen. Die Masse mit einem Kaffeelöffel auf kleine Oblaten verteilen, mit einer Oblate decken.
Bei 140–160 °C ca. 20 Minuten backen. Sie sollen oben und unten weiß bleiben.

## Amaretti
60–70 Stück

*300 g süße Mandeln, 250 g feiner Zucker, 2 Eiweiß, kleine Oblaten.*

Mandeln schälen, trocknen und mahlen. Zucker und Eiweiß mindestens 30 Minuten miteinander rühren. Mandeln beifügen und einen festen Teig herstellen. Falls nötig, noch etwas Zukker oder geschlagenes Eiweiß beifügen. Nußgroße Kügelchen formen, auf kleine Oblaten setzen.
Bei mäßiger Hitze (ca. 150 °C) 15 bis 20 Minuten übertrocknen.

# Norwegen

## Julkake

*1 000 g Mehl, 300 g Zucker, 150 g Margarine, 1 Prise Kardamom, 60 g Hefe, ¼ l Milch, 150 g Rosinen, 150 g kandierte Früchte, fein geschnitten, Ei zum Bestreichen.*

Aus den Zutaten einen Hefeteig wirken, gehen lassen, zusammenschlagen. Dann erst die Früchte daruntermengen. Den Teig in vier Teile teilen und zu länglichen Laiben formen, etwa 20 Minuten gehen lassen. Mit Ei bestreichen.
Bei 200–220 °C ca. 40 Minuten backen. Bitte Hölzchenprobe!

* Der Julkake, in Scheiben geschnitten und mit Butter bestrichen, wird kalt gegessen.

# Österreich

## Wiener Vanillebrötchen oder -kipferl

ca. 50 Stück Foto Seite 62/63

*150 g Butter, 150 g Mehl,*
*80 g Puderzucker,*
*1 Päckchen Vanillinzucker,*
*150 g Mandeln, geschält und gemahlen, Butter und Vanillinzucker zum Wenden.*

Zutaten zu einem Mürbteig mengen, zum Schluß die Mandeln leicht darunterkneten. Den Teig 1 Stunde ruhen lassen, dann zu Rollen im Durchmesser eines Fünfmarkstückes formen und kalt stellen. Später Scheiben von 4 mm Dicke schneiden.
Bei 160–180 °C ca. 15 Minuten backen. Nach dem Backen in flüssiger Butter und vanilliertem Zucker drehen.

* Aus derselben Masse können Kipferl (Hörnchen) geformt werden. Dazu kleinfingerdicke Schlangen ausrollen und mit Pappmaß 7-cm-Stücke mit Küchenmesser abschneiden. Jedes Stück so rollen, daß die Enden spitz werden, dann zu Hörnchen formen. Backen wie oben.

## Wiener Nußbusserln

ca. 60 Stück Foto Seite 62/63

*3 Eiweiß, 200 g feiner Zucker, 350 g Haselnüsse, 25 g Schokolade, Vanille-Aroma, 1/3 Teelöffel feinstgemahlener Kaffee, kleine Oblaten und Konfitüre.*

Das Eiweiß steif schlagen, den Zucker ¼ Stunde lang mitrühren, die übrigen Zutaten leicht darunterziehen. Kleine Kugeln formen und auf Oblaten auf ein gewachstes Blech setzen. Die Busserln werden in der Mitte leicht eingedrückt. Bei 160–180 °C ca. 20 Minuten backen. Nun stellt man sie ein bis zwei Tage an einen feuchten Ort, damit sie schön weich werden, und füllt die kleinen Vertiefungen mit Konfitüre.

## Original Kletzenbrot aus Tirol

ca. 10 Laibe

*500 g getrocknete Birnen (Kletzen genannt), 500 g getrocknete Pflaumen, beides in Wasser aufgekocht, dann entkernt und gewürfelt,*
*250 g Feigen, klein geschnitten,*
*150 g Datteln, entkernt und geschnitten, 200 g Rosinen,*
*150 g Korinthen, 30 g Zitronat, fein gewürfelt, 50 g Pistazien,*
*120 g Walnüsse, 120 g Haselnüsse,*
*120 g Mandeln,*
*alle ungeschält und ganz,*
*50 g Orangeat, klein geschnitten,*
*1 Eßlöffel Zimt,*
*3 Päckchen Vanillinzucker,*
*abgeriebene Schale von 3 Zitronen,*
*1 Teelöffel Nelken, 250 g Puderzucker,*
*¼ l Zwetschgenwasser.*

Die vorbereiteten Früchte mit den Gewürzen mischen, mit dem Puderzucker bedecken und mit dem Zwetschgenwasser anfeuchten. Über Nacht zugedeckt stehen lassen. Beim Bäcker *2500 g Schwarzbrotteig* kaufen, alle Zutaten daruntermengen, Laibe von je 500 g formen (oder in Kastenformen), gehen lassen und bei 180–200 °C ca. 2 Stunden backen.

# Portugal

## Bolo dei Rei

*500 g Mehl, 3 Eßlöffel saure Sahne,*
*40 g Hefe, 100 g Zucker, 4 Eier,*
*125 g Butter, 150 g Mandeln, geschält und gemahlen, 50 g Haselnüsse, gemahlen, 50 g Feigen, 50 g Orangeat,*
*200 g kandierte Früchte,*
*alle drei Fruchtsorten klein gewürfelt,*
*Butter zum Bepinseln, rote und grüne kandierte Kirschen zum Belegen*

Aus etwas Mehl, der angewärmten Sahne, der Hefe und wenig Zucker ein Hefestück ansetzen. Sobald es gegangen ist, alle anderen Zutaten dazumengen. Aus dem Teig einen Kranz formen, auf ein gefettetes Blech setzen und kurz gehen lassen.
Bei 180–200 °C ca. 40 Minuten backen. Hölzchenprobe! Sofort auf ein Gitter legen, mit flüssiger Butter bepinseln, mit Zucker bestreuen und mit kandierten Kirschen belegen. Zuletzt mit *weißer Glasur* (s. Seite 90) bestreichen.

**Kost-
proben
aus
aller
Herren
Länder**

# Rußland

## Masurek

Foto Seite 62/63

*200 g Butter, 200 g Zucker, 5 Eier,
100 g geschälte, geriebene Mandeln,
200 g Mehl, Mandeln und Zucker
zum Bestreuen.*

Butter und Zucker schaumig rühren, Eigelb, Mandeln und das gesiebte Mehl abwechslungsweise dazurühren und zuletzt den Eischnee locker darunterziehen. Auf ein bebuttertes und bemehltes Blech streichen, mit Zucker und gehackten Mandeln bestreuen.
Bei 180–200 °C ca. 20 Minuten goldgelb backen. Noch warm in beliebig große Stücke schneiden.

# Spanien

## Turron

Foto Seite 62/63

*300 g Haselnüsse, fein gemahlen,
250 g Zucker, 3 Eigelb,
200 g grobgehackte, kandierte Früchte,
2 Päckchen Vanillinzucker,
1 Schnapsgläschen Rum.*

Alle Zutaten mischen und in einer Kasserolle auf kleiner Flamme so lange rühren, bis sich ein fester Teig ergibt. Die Masse zu einer kantigen Stange von 4 cm Breite formen, auf ein Blech legen, bei kleiner Wärme trocknen lassen. Kalt stellen und in kleine Stücke schneiden.

# Schweiz

## Glarner Birnbrot

Foto Seite 10

Hefeteig: *300 g Mehl, ½ Tasse Milch,
15 g Hefe, 50 g Butter, 1 Ei,
½ Teelöffel Salz,
Ei zum Bestreichen.*
Füllung: *500 g gedörrte Birnen,
250 g entsteinte, gedörrte Zwetschgen,
150 g gehackte Walnußkerne,
100 g Rosinen, 100 g Feigen,
50 g Zitronat, 1 Messerspitze Zimt,
1 Prise Nelkenpulver,
½ Gläschen Kirschwasser.*

Einen Hefeteig herstellen. Dazu alle Zutaten – die Hefe in der Milch aufgelöst – miteinander gründlich verkneten. Gehen lassen.
Birnen und Zwetschgen über Nacht einweichen und in wenig Wasser und Zucker weich kochen. Aus dem Saft herausnehmen und durchtreiben. Mit den Nüssen, den Rosinen, feingeschnittenen Feigen und Zitronat sowie mit Gewürzen und Kirschwasser gründlich vermischen.
Den Hefeteig im Rechteck ausrollen, den Rand gut anfeuchten, die Füllung im schmalen Rechteck daraufgeben und das Ganze zu einem länglichen Wecken formen. Die Enden gut andrücken, den Wecken mit Eigelb bestreichen, regelmäßig mit einer Gabel stechen. Auf ein gemehltes und gefettetes Blech setzen (oder Kastenform).
Bei 180–200 °C 50–60 Minuten backen.

## Zürcher Leckerli
30–35 Stück

*500 g geschälte, geriebene Mandeln, 500 g feiner Zucker, 3 Eier, abgeriebene Schale von 1 Zitrone, Himbeerkonfitüre.*

Alle Zutaten gut miteinander vermengen, etwas ruhen lassen und ½ cm dick ausrollen. Viereckige Leckerli schneiden oder mit Model prägen (ca. 3 mal 5 cm), mit Himbeerkonfitüre bestreichen und immer zwei aufeinanderlegen. Die Leckerli auf ein bemehltes Blech setzen und 2 Tage im warmen Zimmer trocknen lassen. Anschließend auf ein bebuttertes Blech umsetzen.
Bei ca. 150 °C ca. 15 Minuten schwach backen, sie dürfen keine Farbe annehmen. Die noch warmen Plätzchen mit *Vanille- oder Zitronenglasur* (s. Seite 89) bestreichen.

## Basler Leckerli
100–120 Stück

*750 g Honig, 375 g Zucker,*
*375 g Mandeln, abgezogen und gemahlen,*
*50 g Zitronat, fein gewürfelt,*
*50 g Orangeat, fein gewürfelt,*
*20 g Zimt, 1 große Prise Muskat,*
*1 Prise Nelken,*
*abgeriebene Schale von 1 Zitrone,*
*1 Likörgläschen Kirschwasser,*
*850 g Mehl.*
Guß: *250 g Puderzucker,*
*2 Eßlöffel heiße Milch,*
*Saft einer halben Zitrone.*

Honig mit Zucker auf kleine Flamme setzen und erwärmen, bis die Flüssigkeit Blasen schlägt. Die übrigen Zutaten langsam dazugeben. Das Kirschwasser darübergießen, anzünden und dabei alles gut vermengen. Jetzt kommt erst das Mehl darunter. Der Teig wird so lange gerührt, bis er sich vom Topf löst. Erkalten lassen. Teig aufs Brett nehmen und blechgroße Platten von 5 mm Dicke ausrollen.
Bei 180 °C ca. 30 Minuten backen.
Puderzucker, Milch und Zitronensaft gut verrühren und auf das warme Gebäck streichen. Die gebackene Platte wird im ganzen glasiert. Noch heiß in Stücke von 5 × 8 cm (Pappmaß) schneiden. Die fertigen Leckerli luftdicht verpacken.

## Berner Öhrchen

*1 Paket Tiefkühlblätterteig (5 Blatt à 60 g), Zimtzucker.*

Den aufgetauten Blätterteig Blatt für Blatt messerrückendick zu Rechtecken ausrollen, mit Zimtzucker dick bestreuen. Von beiden langen Seiten aus den Teig zur Mitte hin umschlagen, so daß die Teigkanten knapp aneinanderstoßen. Diesen Vorgang noch ein- bis zweimal wiederholen, dann beide aufgerollten Hälften aufeinanderlegen, in Scheiben abschneiden, auf mit Backpapier ausgelegtes Blech setzen.
Bei 180 °C 10 Minuten backen, wenden, zweite Seite ebenfalls goldgelb backen. Noch warm mit Zimtzucker bestreuen.

## Appezeller Totebeili

*250 g Butter, 125 g Zucker,*
*1 Päckchen Vanillinzucker,*
*4 Eigelb, 400 g Mehl,*
*Ei zum Bestreichen,*
*Zucker und Mandeln zum Bestreuen,*
*etwas rote Konfitüre.*

Sämtliche Zutaten miteinander zu einem festen Teig verkneten, nach Bedarf noch etwas Wasser beifügen. Den Teig etwa 1 cm dick zum Viereck ausrollen, in fingerlange Stängelchen schneiden, diese dicht nebeneinander auf das gefettete, bemehlte Blech legen, mit Ei bepinseln, mit Zucker und Mandeln bestreuen und mit Konfitüretupfen verzieren.
Bei 180–200 °C ca. 15 Minuten goldgelb backen.

## Badener Chräbeli
ca. 45 Stück

*250 g Zucker, 2 Eier, 250 g Mehl,*
*2 Eßlöffel Anis, abgeriebene Schale*
*von 1 Zitrone, 1 Prise Hirschhornsalz.*

Zucker und Eier schaumig rühren. Mit den restlichen Zutaten zusammenkneten und zu fingerdicken Rollen formen. In 6 cm lange Stücke schneiden, auf einer Seite mit drei schrägen Einschnitten versehen, halbmondförmig biegen und auf ein bemehltes Blech legen. Über Nacht in einem warmen Raum trocknen lassen.
Bei 160–180 °C ca. 25 Minuten weißgelb backen.

## Mailänderli

*500 g Butter, 500 g Zucker, 8 Eier, abgeriebene Schale von 1 Zitrone, 2 Päckchen Vanillinzucker, 1 Prise Salz, 1 250 g Mehl, Ei zum Bestreichen.*

Butter und Zucker schaumig rühren, nach und nach die Eier und die Gewürze zugeben, zum Schluß das Mehl. Den Teig 30 Minuten ruhen lassen, dann auf dem Brett 3 mm dick ausrollen, Halbmonde ausstechen, mit Eigelb streichen.
Bei 180–200 °C ca. 20 Minuten backen.

## Tirggel

Tirggel sind das klassische Zürcher Weihnachtsgebäck, entzückende, altmodische Bildtäfelchen aus Honig, Mehl, Zucker und Gewürzen, die an den Zweigen des Christbaums hängen oder in Paketchen auf dem Gabentisch liegen. Das Rezept verschweigen wir hier, denn so reizvoll dieses kultische Volksgebäck sich präsentiert, so reizlos liegt es dem Nicht-Zürcher auf der Zunge.

# Stollen, Striezel und Schittchen

# Stollen, Striezel und Schittchen

In diesen drei verschiedenen Namen verbirgt sich im Grunde nur *ein* Christstollenteig, der allerdings verschieden zusammengesetzt ist. Den Namen hat er von seiner Form. Stollen bedeutet nämlich Stütze, Pfosten. Die so geformten Kuchen erinnern außerdem an ein Wickelkind, sind also auch ein Symbol des Kindes in der Krippe.

Mit Abstand ist der berühmteste der *Dresdner Stollen,* der aus jener herrlichen Stadt zur Weihnachtszeit in alle Welt verschickt wurde.

Der *Striezel* spielte dieselbe Rolle in Schlesien, allerdings ist das Rezept bedeutend bescheidener in seinen Ingredienzien.

Das *Thüringer Schittchen* dagegen ist nach dem gleichen, reichhaltigen und üppigen Rezept wie der Dresdner Stollen gebacken. Etwas ganz Ähnliches ist der *Bremer Klaben* oder *Klöben*. Auch sein Teig ist schwer und zünftig.

## Über die Zubereitung von Stollen

1. Sämtliche Zutaten eines Stollens müssen am Abend vorher in die warme Küche gebracht werden, damit sie gleichmäßig durchgewärmt sind. Die Früchte und Nüsse sowie Mandeln werden – vorbereitet – zusammen in eine Schüssel gelegt, und, mit Kirschwasser, Rum, Himbeergeist oder Weinbrand getränkt, über Nacht zugedeckt stehen gelassen.
2. Am nächsten Tage wird ein normales Hefestück angesetzt wie zu jedem Hefeteig. Die Milch nur lauwarm machen, sie darf nie wärmer sein als 30 °C. Etwas Zucker beigeben, damit die Hefe besser treiben kann, mit Mehl bestreuen und zugedeckt gehen lassen, bis das Mehl Risse bekommt.
3. Inzwischen schlägt man Butter, Zucker und Eier schaumig und fügt dies dem Teig zu. Zugedeckt geht der Teig 30 Minuten.
4. Jetzt erst wird der Teig geknetet. Er muß so lange bearbeitet werden, bis er sein feuchtglänzendes Aussehen verloren hat, muß sich von der Schüssel lösen, darf nicht mehr kleben, auch nicht an den Händen.
5. Jetzt kommen erst die Gewürze und die eingeweichten Früchte darunter, und zwar nur in den Teig drücken, sonst wird er grau und unansehnlich. Am besten ist es, wenn der Teig in drei Teile geteilt wird und in jeden das entsprechende Quantum Früchte und Gewürze hineingedrückt wird. Dann die drei Teile rasch zusammengeben.
6. Nun den Teig nochmals gründlich schlagen.
7. Stücke von 500 oder 1 000 g abwiegen. Diese Stücke mit wenig Mehl so formen, daß sie eine geschlossene Kugel geben. Sie wird nun länglich geformt. In der Länge wird eine Vertiefung mit dem Rollholz eingedrückt, so daß eine schmale und eine breite Seite entsteht. Die breite Seite wird in die Vertiefung hineingeschlagen.

   Mann kann den abgewogenen Teig auch in gefettete Metallhauben drücken und mit der flachen Seite auf das Backblech mit Backpapier

# Stollen, Striezel und Schittchen

# Stollen, Striezel und Schittchen

setzen, so daß die Haubenlöcher nach oben zeigen, damit der Dampf abziehen kann. In diesem Fall nimmt man die Hauben 15 Minuten vor Backende ab und läßt den Stollen bräunen. Er darf nicht zu dunkel werden, evtl. mit Alufolie oder Oberblech abdecken.

8. Die so geformten Stollen läßt man auf einem Blech, das mit Pergamentpapier ausgelegt wurde, 10 Minuten gehen.
9. Die Backzeit auf 500 g Teig beträgt bei 210– 230 °C ca. 40–50 Minuten, auf 1 000 g ca. 60–90 Minuten. Die Hitze muß daher so groß sein, weil der Stollen bei dem relativ hohen Fettgehalt sonst speckig wird. Das muß vermieden werden, weil dieses Festgebäck sonst unschön und schwer verdaulich wird.
10. Stollen 10 Minuten auskühlen lassen, dann mit flüssiger Butter bestreichen und mit Vanillezucker bestreuen. Nach weiteren 10 Minuten mit Puderzucker dick einstreuen. Diese Schicht verhindert das Austrocknen. Kalten Stollen in einen Stollenschlauch aus Cellophan schieben und auf beiden Seiten mit einem Klips verschließen. Kühl lagern.
    Den kalten Stollen kann man auch für späteren Genuß tiefgefrieren.

Infolge der üppigen Zutaten kann der echte Dresdner Stollen nicht so aufgehen wie ein einfacher Teig. Doch hält er sich monatelang, ja, in vielen Familien war und ist es Tradition, die letzten Stücke bis Ostern aufzuheben.

Wenn ein Stollen besonders hübsch als Geschenk aufgemacht werden soll, kann er mit dicker Zuckerglasur bestrichen, mit kandierten Früchten aller Art garniert und noch einmal mit Zuckerglasur bestrichen werden. Diese Schicht verhindert das Austrocknen und erhöht den feiertäglichen Genuß.

## Dresdner Christstollen

Foto Seite 74/75

*1 000 g Mehl, 80 g Hefe, ¼ l Milch,*
*500 g Butter, 150 g Zucker,*
*1 Teelöffel Salz,*
*abgeriebene Schale von 2 Zitronen,*
*600 g Rosinen, 100 g Mandeln,*
*150 g Zitronat, fein gewürfelt,*
*4 Gläschen Rum.*
*Butter zum Bestreichen, 250 g Zucker,*
*mit 5 Päckchen Vanillinzucker*
*gemischt, Puderzucker.*

**Luxusausgabe**
*3 000 g Mehl, 1 l Milch,*
*175 g Hefe, 500 g Zucker,*
*3 Eier, 1 000 g Butter,*
*abgeriebene Schale von 3 Zitronen,*
*30 g Salz, 1 Prise Muskat,*
*1 Prise Kardamom, 300 g Mandeln,*
*30 g bittere Mandeln, beide geschält*
*und gemahlen, 1 000 g Rosinen,*
*250 g Korinthen, 200 g Zitronat,*
*200 g Orangeat, beide fein gewürfelt,*
*1 Tasse Rum.*

Zubereitung wie eingangs beschrieben (s. Seite 76).
Sobald der Stollen aus dem Ofen kommt, Hölzchenprobe machen, 10

Minuten auskühlen lassen, mit flüssiger Butter bestreichen, einige Male in Vanillinzucker wälzen, dann erst mit Puderzucker dick einstreuen.

## Mohnstriezel und Mohnbabe

Zu allen diesen Mohngebäcken kommt immer nur der blaue Mohn zur Verwendung. Er muß vorher gemahlen werden, aber nie mit der Kaffeemühle, weil sie sonst nicht mehr für den Kaffee benutzt werden kann.

Füllung für 1 kg Hefeteig:
*150 g Mohn, 2 Eigelb, 100 g Zucker,*
*50 g Butter, 50 g Korinthen,*
*1 Prise Zimt, 1 Päckchen Vanillinzucker,*
*50 g Orangeat und 50 g Zitronat,*
*fein gewürfelt, ½ Tasse Milch.*
*Aprikosenkonfitüre, Puderzucker.*

Alle Zutaten mit dem Mohn mischen, die kochende Milch darübergießen, sorgfältig umrühren, zugedeckt 30 Minuten quellen lassen. Dann auf die Teigplatte, die ca. 2 cm dick ausgerollt wird, verteilen. Den Striezel aufrollen, auf ein gefettetes Blech legen, 30–40 Minuten backen und noch warm mit heißer Aprikosenkonfitüre und anschließend mit *Zuckerguß* (s. Seite 89) bestreichen oder kalt dick mit Puderzucker einstreuen.

* Solche Mohngebäcke bleiben bis zu zwei Monaten frisch und saftig.
* Bei einer *Babe* wird die Rolle entweder in eine Kasten- oder Gugelhupfform gelegt.

## Quarkstollen

*500 g Mehl, 1 Päckchen Backpulver,*
*2 Eier, 1 Prise Salz, 180 Zucker,*
*2 Päckchen Vanillinzucker,*
*150 g Butter, 250 g Quark,*
*je 125 g Korinthen und Sultaninen,*
*100 g abgezogene, gemahlene*
*Mandeln, je 50 g Orangeat und*
*Zitronat, beides fein gewürfelt.*

Mehl und Backpulver in eine Schüssel geben, eine Grube in die Mitte drükken, Eier, Salz, Zucker und Vanillinzukker hineingeben, mit einem Teil des Mehls zu einem dicken Brei verrühren. Die Butter in Stückchen darauf verteilen, den durchpassierten Quark und alle anderen Zutaten dazugeben und alles zu einem Teig verkneten. Eine Rolle formen, auf ein Backblech setzen, mit einer Stollenhaube bedecken. Bei 180 °C 60–80 Minuten backen. Noch warm mit flüssiger Butter bestreichen, dick mit Puderzucker bestreuen.

## Breslauer Striezel

*3000 g Mehl, 1 l Milch, 150 g Hefe,*
*500 g Butter, 375 g Zucker, 20 g Salz,*
*500 g Rosinen, 500 g Korinthen,*
*200 g Orangeat, 150 g Mandeln,*
*25 g bittere Mandeln, beide geschält*
*und fein gemahlen, abgeriebene*
*Schale von 2 Zitronen, 1 Prise Muskat,*
*3 Päckchen Vanillinzucker,*
*1 Prise Kardamom.*

Zubereitung wie eingangs beschrieben (s. Seite 76).

# Großmutters Marzipan

# Großmutters Marzipan

Herkunft und Name des Marzipan sind recht umstritten, was seiner Beliebtheit allerdings keinen Abbruch tut. Sicher ist es ein romanisches Wort, dem neben »panis« (Brot) wahrscheinlich das lateinische »maza« (Mehlbrei) zugrunde liegt. Die Legende weiß es anders, wie wir gleich hören werden.

Schon zu Perikles' Zeiten sollen griechische Köche Torten aus Mandeln und Honig gebacken haben, Vorläufer unseres Marzipan. Sie hatten diese Kunst von den Persern übernommen, deren verfeinerte Tafelkultur sprichwörtlich ist.

Chroniken wollen wissen, daß bereits um Christi Geburt Honigmarzipan von venezianischen Kaufleuten gehandelt wurde und schon im 15. Jahrhundert in bedeutenden Mengen nach Deutschland gelangt sei. Bei Nostradamus heißt es sogar, daß schon um 1404 Marzipan in Deutschland fabriziert worden sei.

In vorchristlichen Zeiten wurden jene Mandelkuchen zur Osterzeit den Göttern geopfert und, weil im März gebakken, »panis martius« genannt. Unter diesem Namen kann man sie bis ins Mittelalter verfolgen. Auch dies eine absolut einleuchtende Erklärung. In christlicher Zeit formte man aus der bekannten Mandelmasse Heilige, die bei Wallfahrten feilgehalten wurden.

Die Legende aber erzählt, daß vor 500 Jahren Marietta, das Töchterlein des Zuckerbäckers Badrutt in Venedig, mit Zucker und Mandeln hantierte und dabei von ungefähr das Marzipan erfand. Dies ausgerechnet am Tage des heiligen Markus, der dortzulande mit großem Pomp gefeiert wird. So kam die neue Leckerei zu dem Namen »Marci panis« (Markusbrot). – Se non è vero, è ben trovato.

Man kennt aber auch die Ableitung des Wortes Marzipan aus dem arabischen mautabān = »sitzender König«. Die Araber der Kreuzzugszeit bezeichneten so eine byzantinische Münze mit dem Bild des thronenden Christus. Die Bedeutung wandelte sich über »Hohlmaß« und »Schachtel« zu dem in Schachteln mit Spitzen verpackten Teig aus Zucker, Mandeln und Rosenwasser.

Andererseits rühmen sich die Lübekker, als erste auf das Marzipan gekommen zu sein. Die Annalen verzeichnen im Jahre 1407 eine große Mißernte. Überdies wurde die freie Hansestadt gerade einmal wieder von einem Fürsten belagert. Bald klopfte der Hunger an die Türen. Und als sich die Stadtväter endlich um die Versorgung der Bevölkerung kümmerten, fanden sie in den Speichern kein Getreide mehr vor. Doch waren große Vorräte von Mandeln und Zucker aufgestapelt. Nun erließen sie einen Aufruf, wonach der Bäcker hochgeehrt werden sollte, dem es gelänge, aus Mandeln und Zucker ein Brot zu backen. Der Name des genialen Mannes, dem das Kunststück glückte, ist leider in der Chronik nicht vermerkt. Auf alle Fälle fiel seine rettende Erfindung wiederum auf den Markustag, und da die Amtssprache damals Lateinisch war, erhielten die kleinen Brote den Namen:

Marci panis.

Nun wähle sich jeder Marzipanliebhaber die ihm gemäße Version. Die Lübecker Köstlichkeit wurde jedenfalls rasch weit und breit bekannt, so daß man schon 1806 begann, das Marzipan im Großen herzustellen. Ein Bäkker aus Ulm blieb auf seiner Wanderschaft in Lübeck hängen und erkannte rasch die Möglichkeiten, die die Marzipanherstellung bot. Und heute ist das Niederegger Marzipan ein weltbekannter Begriff.

## Marzipanmasse

*500 g süße, abgezogene Mandeln,*
*500 g Puderzucker,*
*3 Eßlöffel Orangenblütenwasser.*

Mandeln zweimal durch die Mandelmühle treiben. Mit Zucker und Orangenblütenwasser auf kleiner Flamme unter ständigem Rühren erwärmen, bis sich der Brei vom Kochgefäß löst. In ein feuchtes Tuch einschlagen, 3 Tage ruhen lassen. Anschließend kann sie beliebig verarbeitet werden.

## Vergnügliches Allerlei

Foto Seite 80/81

Aus der Marzipanmasse kann man Früchte und Gemüse (für den Kaufladen), Schweinchen und Würste formen und nach Belieben mit *Kuvertüre* (s. Seite 89) überziehen. Es ist auch mit Hilfe der Springerlemodel kleines Gebäck zu prägen, das ebenfalls mit Kuvertüre bestrichen werden kann.

## Marzipangebäck

Die Marzipanmasse ausrollen, 5 mm dicke, kleine Formen – wie Herzen, Taler usw. – ausstechen, aufs Blech setzen, mit Eigelb bestreichen und bei 200–220 °C kurz übergolden.
Es können auch größere Herzen mit einem Model geprägt, mit Eigelb bestrichen, mit Früchten bunt verziert und kurz überbacken werden. Hübsch verpacken zum Verschenken.

## Betmännchen

Foto Seite 80/81

Die Marzipanmasse in Kugeln von Daumengröße formen, daraus kleine Pyramiden drücken. Mit Wasser bestreichen und an jede der drei Seiten halbe, geschälte Mandeln andrücken, so daß sie kleben bleiben. Über Nacht trocknen lassen, dann bei 160–180 °C ca. 10 Minuten goldgelb backen.

## Marzipankartoffeln

Foto Seite 80/81

Auf einem Brett daumendicke Rollen aus Marzipanmasse ausziehen. Davon 2 cm lange Stücke abschneiden, in den Händen zu kleinen Kugeln rollen, in einen Durchschlag geben und Schokoladenpulver darüberschütten. Nun schütteln und drehen, damit die kleinen Kugeln gleichmäßig braun werden. Mit der stumpfen Seite eines Küchenmessers drei Kanten einkerben, um eine aufgeplatzte Pellkartoffel zu imitieren.

## Pistazienmarzipan – Pralinen

Unter die Mazipanmasse 150–200 g abgezogene, grobgemahlene Pistazien kneten. Die Masse auf gesiebtem Puderzucker 1 cm dick ausrollen, beiderseits den Puderzucker abpinseln und kleine runde oder ovale Pralinen ausstechen. Mit *Kuvertüre* (s. Seite 89) überziehen, in die noch weiche Kuvertüre je eine halbe Pistazie drücken. Auf einem Abtropfgitter trocknen lassen, dann einzeln in Papiermanschetten setzen.

Ebenso können grobgemahlene Walnüsse in die Marzipanmasse eingearbeitet, anschließend zu Herzen ausgestochen und mit Kuvertüre überzogen werden.

★ Praktisch ist es, das Rezpt zu teilen und jede Hälfte mit 100 g Pistazien bzw. Walnüssen zu verkneten.

## Marzipanstängchen

Die Marzipanmasse – es reicht auch die Hälfte – auf gesiebtem Puderzukker etwa 5 mm dick ausrollen und mit einer Schablone oder dem Lineal Streifen von 5 mm Breite und 4 cm Länge ausschneiden. 1 Stunde trocknen lassen. Die oberen Enden der Stängchen in *Kuvertüre* (s. Seite 89) tauchen – diesen Vorgang nach Belieben wiederholen, dann wird die Schokoladenschicht schön dick. Oder mit *Orangenglasur* (s. Seite 89) überziehen oder mit roter Puderzuckerglasur (aus 100 g Puderzucker und 2 Eßlöffeln rotem Johannisbeersaft). Trocknen lassen. Die fertigen Stängchen mit den überzogenen Enden nach oben in ein niedriges Gefäß stellen.

## Königsberger Marzipan

Dieses edle Marzipan ist an seiner abgeflämmten Oberfläche und den gekniffenen Rändern zu erkennen. Es erhält durch die Verwendung bester und besonders fein gemahlener Mandeln seine weltbekannte Qualität. Der kräftige Geschmack wird durch das Einarbeiten bitterer Mandeln erzielt. Die Marzipanmasse wird geformt oder ausgerollt und ausgestochen, z. B. zu Herzen, deren aufgesetzte Ränder gekniffen werden. Anschließend wird sie unter dem vorgeheizten Grill 3–4 Minuten abgeflämmt und erhält dabei ihre typische braune Farbe. Aufpassen, das geht sehr schnell!

*500 g süße, abgezogene Mandeln,*
*15 g bittere, abgezogene Mandeln,*
*3 Eßlöffel Rosenwasser,*
*2 Eßlöffel Wasser, 150 g Zucker,*
*350 g Puderzucker.*

Die sehr fein gemahlenen Mandeln mit 1 Eßlöffel Rosenwasser, Wasser und Zucker in einem Topf bei Mittelhitze glattrühren, bis sich die Masse vom Topfrand löst. Zugedeckt in einer Schüssel 1 Tag ruhen lassen. Am nächsten Tag den Puderzucker und das restliche Rosenwasser einarbeiten und zu einer glatten, homogenen Masse verkneten. Weiter verarbeiten, wie links beschrieben. Brote und Laibchen schräg einkerben.

* Bittere Mandeln sind schwer zu bekommen, statt dessen einige Tropfen Bittermandelöl nehmen.

# Glasuren und Garnituren

# Glasuren und Garnituren

Unter Zuckergüssen und Zuckerglasuren verstehen wir einen süßen Überzug über fertige Gebäckstücke, die entweder kalt oder noch warm sind. Sie haben nicht allein den Sinn, das Gebäck schöner und leckerer zu machen, sie sollen auch das Austrocknen verhindern.

*Glasuren* sind meistens sehr dünn und sollen durchscheinend sein, so daß das Gebäck darunter noch zu sehen ist. Der *Zuckerguß* ist dicker und deckt das Gebäck völlig, so daß es einen weißen oder schokoladebraunen Überzug damit erhält. Wichtig ist dabei, daß jedes Stück frei von Mehlresten ist, sonst kann keine feste Verbindung von Guß und Gebäck entstehen.

## Das Glasieren

Das Glasieren erfolgt mit einem Pinsel und meistens, wenn das Gebäck noch warm ist. Hierbei wird dünn und rasch so aufgetragen, daß nichts davon an den Seiten herunterlaufen kann. Bitte das Gebäck niemals auf dem Backblech mit Zuckerguß bearbeiten, immer herunternehmen, entweder auf ein Pergamentpapier oder auf ein Gitter mit kleinen Beinchen legen, damit abtropfender Zucker oder Schokolade aufgefangen werden kann.

Große Kuchen, auch Lebkuchen oder Pfefferkuchen, können mit dem Tischmesser glasiert werden, oder man tunkt sie ein. Kleinere Küchlein dürfen mit dem Pinsel bestrichen werden.

Bei fettarmen Gebäcken empfiehlt sich zunächst ein Bestreichen mit heißer, gut glattgerührter Aprikosenkonfitüre, dann erst das Überziehen mit Zuckerguß. Der Glanz hält besser, der Geschmack wird aromatischer und frischer; außerdem wird das Eindringen der Glasur verhindert.

Zum Abtrocknen stellt man das glasierte Gebäck in den offenen, auskühlenden Backofen.

## Zuckerguß oder Zitronenglasur

*200 g Puderzucker, klümpchenfrei,*
*2 Eßlöffel Zitronensaft,*
*2 Eßlöffel heißes Wasser,*
*besser noch heiße Milch*
*(der Guß wird weißer und glänzt besser).*

Mit einem kleinen Holzlöffel, später mit einem kleinen Schneebesen die Masse 5–10 Minuten rühren. Um zu decken, darf der Guß nicht zu dünn sein. Bitte vorher auf einem Gebäckstück eine kleine Probe machen.

Zur Orangenglasur wird an Stelle von Zitronensaft Orangensaft (oder beide zu gleichen Teilen) verwendet.
Zur Mokkaglasur werden 200 g Puderzucker mit 4 Eßlöffel starkem Mokka angerührt.
Ebenso kann der neutrale Guß mit *Vanille, Kirsch, Weinbrand, Rum, Maraschino* oder irgendeinem Fruchtlikör versetzt werden.

## Kakaoguß

*200 g Puderzucker,*
*1 Eßlöffel Kakao,*
*4 Eßlöffel heiße Milch,*
*1 Eßlöffel Palmin.*

Den Kakao mit dem Puderzucker glatt rühren, dann die heiße Milch dazugeben und zum Schluß das flüssige Palmin (während des Arbeitens im Wasserbad streichfähig halten).

## Schokoladenguß

*150 g Puderzucker, 4 Eßlöffel heiße Milch, 125 g im heißen Wasserbad aufgelöste Blockschokolade, 10 g Palmin.*

Den Puderzucker mit der heißen Milch rühren, dann die flüssige Schokolade und das flüssige Palmin hineinrühren. Es darf alles nicht heißer als 30 °C werden. Bitte Lippenprobe machen: Man muß an der Lippe die Temperatur leicht vertragen können.

## Schokolade zum Überziehen oder Kuvertüre

*100 g Blockschokolade,*
*10 g Palmin.*

Im heißen Wasserbad Blockschokolade und Palmin auflösen. Beides darf nicht sehr heiß sein, also höchstens 30 °C. Es darf auch kein Wasser dazukommen, weil die Schokolade sonst grau wird.
Geschmacklich ist der Überzug köstlich und hat bei Kindern die meisten Chancen.

* Beim Überziehen tropft von den Gebäckstücken eine Menge Schokolade, die immer wieder verwendet werden kann. Allerdings muß das Pergamentpapier unter dem Gitter peinlich sauber sein. Die harten Tropfen nimmt man mit einem Teigschaber vom Papier und gibt sie zurück zur warmen Kuvertüre.

## Spritzglasur

*200 g Puderzucker, 1 Eiweiß, einige Tropfen Zitronensaft.*

Alle Zutaten etwa ¼ Stunde lang gut rühren, bis eine dicke Masse entsteht, die man durch die winzige Öffnung einer Pergamenttüte spritzen kann, ohne daß der Strich verläuft. Hiermit können Kanten und Punkte, geliebte Namen und zierliche Ranken auf süße Herzen und Lebkuchenmänner gezaubert werden.

Dunkle Spritzglasur: Soll dieser Guß braun sein, so werden dem Zucker noch 30 g Kakao zugefügt. Damit kann nun auf weiße Glasur gespritzt werden. Es gibt dafür eine Garnierspritze aus Metall oder Kunststoff.

## Studenten-Pralinen

*100 g Blockschokolade, 50 g Palmin, 200 g geschälte, gestiftelte Mandeln.*

Die Schokolade mit dem Palmin erwärmen, gut vermischen und schließlich die Mandeln darunterrühren. Die Masse muß lauwarm bleiben, bis sie in kleinen Häufchen mit einem Kaffeelöffel auf Pergamentpapier gesetzt ist. Sobald diese fest sind, werden sie weggepackt. Buntes Silberpapier eignet sich gut zum Einwickeln solcher Pralinen.

* Anstelle von Mandeln können Hasel-, Wal- oder Erdnüsse, Sultaninen, Zitronat, Orangeat, Ingwer, Datteln, kandierte Früchte in beliebiger Kombination verwendet werden.

## Weiße Glasur

*250 g Puderzucker,*
*4 Eiweiß,*
*Saft einer halben Zitrone,*
*25 g Speisestärke.*

Der Zucker wird mit dem Eiweiß und Zitronensaft ¼ Stunde gerührt, dann die Speisestärke beigefügt. Dieser Guß kann, wenn nötig, mit heißer Milch ein wenig verdünnt werden.
Oft reicht das halbe Rezept.

### Weitere kleine Anregungen zum Schmücken des Weihnachtsgebäcks

* Wenn Mandeln, Rosinen, Zitronat- oder Orangeatscheibchen, Haselnüsse oder Nonpareilles auf die Pfefferkuchen kommen sollen, dann müssen sie auf die feuchte Glasur gegeben werden, weil sie sonst nicht festkleben (Nonpareilles sind ganz feine, bunte Liebesperlen).
* Trüffelstreusel in Schokoladebraun, Gold oder Silber sind hübsche Variationen.
* Besonders dekorativ wirken kandierte Früchte. Es empfiehlt sich, eine Mischung von roten, gelben und grünen Kirschen zu kaufen, die, klein geschnitten, reizvolle und lustige Wirkungen ergeben.
* Gehobelte Mandeln und Haselnüsse können ein wenig geröstet sein, wenn sie aufgestreut werden sollen. Sie sind dann sehr viel intensiver im Geschmack.

# Die Aufbewahrung des Weihnachtsgebäcks

# Die Aufbewahrung des Weihnachtsgebäcks

Wer nun eine Reihe köstlicher Weihnachtsgebäcke mit vieler Mühe zustande gebracht hat, der soll seine Schätze auch mit Sorgfalt verwalten.
Welcher Mutter gelänge es, die mit Lebkuchen gefüllten Dosen so zu verstecken, daß sie nicht von den Vätern im Verein mit den Kindern gefunden würden? Gerade um die Advents- und Vorweihnachtszeit haben die Männer einen Hang zum Süßen. Die klugen, erfahrenen Hausfrauen wissen das genau und stellen einige Dosen mit »kleinen Sorten« dorthin, wo sie leicht gefunden werden können. Dieser süße Raub ist also heimlich einberechnet.

- Unser Gebäck braucht eine gewisse Lagerzeit, vierzehn Tage bis vier Wochen und mehr. Ein kühler, nicht zu trockener Raum eignet sich vortrefflich zur Aufbewahrung. Hier ziehen die Gebäcke gut durch, werden zart und weich und entwickeln ihr Aroma aufs beste. Die Nähe von Waschpulver und Schmierseife hingegen verträgt sich schlecht mit Vanille, Zimt und Nägelein.
- Die längste Lagerzeit erfordern die *Hartgebäcke:* Honigkuchen, Lebzelten und Springerle. Man schichtet sie am besten in gut verschließbare Blechdosen. Wer sie lieber etwas weich ißt, nimmt eine Woche vor dem Fest den Deckel ab und stellt das Gebäck feucht.
- *Buttergebäck* bereitet man etwa vierzehn Tage vor Gebrauch. Zu seiner Aufbewahrung eignen sich Suppenschüsseln, Steingutgefäße mit Deckel und die gemütlichen grauen Westerwälder Tontöpfe.
- *Makronen* werden durch langes Lagern hart. Sie werden lagenweise auf Pergamentpapier, in fest verschließbaren Blechdosen, verwahrt. Niemals mehr auf den Tisch stellen, als voraussichtlich gegessen werden. Ein paar Stunden im warmen Raum genügen, um dieses edelste der Gebäcke auszutrocknen.
- Sehr zweckmäßig und übersichtlich ist auch das Wegpacken der Gebäkke in Zellophanbeuteln. Wir ziehen die wohlvertrauten, altväterischen Dosen, Schachteln und Töpfe vor.

Und nun sind wir am Ende unserer Bäckerei und unseres Büchleins. Halb bedauernd, halb aufatmend ziehen wir die mehlige Schürze aus, setzen uns in den Kreis der teigbeschmierten Kinder und erzählen vom Christkind in seiner geheimnisvollen, goldenen Herrlichkeit.
Bei aller verständlichen Freude über so viel gelungenes Weihnachtsgebäck sollten wir dabei nicht vergessen, den Menschen in unserer Umgebung, die nicht backen können, von unserem Überfluß abzugeben.

# Rezept-Register

# Rezept-Register